KÖLN
Bibliothek

5

EMONS

Falko Amadeus Rademacher

Köln für Imis

Ein Leitfaden
durch die seltsamste Stadt der Welt

Emons

© Hermann-Josef Emons Verlag
Alle Rechte vorbehalten
© für die Fotografien beim Autor und bei den Fotografen
Umschlaggestaltung: Weusthoff & Rose GmbH, Köln/Hamburg
Layout: Eva Kraskes, Köln
Druck und Bindung: Clausen & Bosse GmbH, Leck
Printed in Germany 2001
ISBN 3-89705-197-4
www.emons-verlag.de

Dieses Buch versteht sich als Satire im Sinne des Gesetzgebers.

»Natürlich bin ich hier geboren, das leugne ich ja gar nicht.«
Heinrich Böll

Inhalt

Basiswissen
für Imis

Einführung
in die Einführung

Also Köln soll es sein? Nicht Berlin, Hamburg, München oder Un-
terlurchenpickelfeld? Ganz sicher Köln?

Na gut, keine üble Wahl. Das wird Ihnen dieses Buch bestätigen. Es ist allerdings kein weiterer Stadtführer mit historischen Informationen, Restaurant-Tips, schönen Bildern vom Dom und von
malerischen Panoramen. Dieses Buch enthält Informationen, die
in kaum einem anderen Stadtführer stehen, die aber sehr viel
wichtiger für Immigranten sind als Kneipen, Kirchen und Kultur-
denkmäler (wenn Sie in Köln was werden wollen, benutzen Sie
möglichst viele K-Alliterationen).

Wenn man in eine neue Stadt zieht, muß man sich diesen neu-
en Ort praktisch »erarbeiten«; man erfährt nach und nach, wie die
Stadt tickt. Dieses Buch soll dabei helfen, jene erste Phase der Unsicherheit und Fremdheit möglichst schnell zu überwinden. Es ist
aus der Sicht eines verschüchterten, überrumpelten Immigranten
geschrieben, der schnell gemerkt hat, daß in Köln bestimmte Bräu-
che und Gesetzmäßigkeiten vorherrschen, die es so in kaum einer
anderen Stadt geben dürfte. Köln ist selbstverständlich mehr als
nur »das größte Kaff der Welt« oder die »häßlichste Stadt Deutschlands«, wie der Bund Deutscher Architekten vor ein paar Jahren

maßlos übertrieb, ebenso wie der Schriftsteller Peter O. Chotje-witz, als er von einer »städtebaulichen Mißgeburt« sprach. Der Kabarettist Jürgen Becker hat die Bezeichnung »Biotop für Be-kloppte« für Köln geprägt. Nach unserer Meinung handelt es sich allerdings nicht um ein Biotop, sondern eher um einen National-park. Es ist im Grunde sträflicher Leichtsinn, Menschen einfach nach Köln ziehen zu lassen, ohne sie auf die Dinge vorzubereiten, die hier auf sie warten.

Bemerkenswert ist dabei auch, daß den meisten Kölnern über-haupt nicht bewußt ist, in was für einer Ausnahmeerscheinung von Stadt sie leben. Sie sind allerdings in der positiven Einschät-zung Kölns von niemandem zu überbieten und besitzen ein sehr gesundes Selbstbewußtsein – das manche Leute wie zum Beispiel Heinrich Böll auch schon mal mit »mieser Arroganz« verwechselt haben. Sie sind vom unerschütterlichen Glauben beseelt, daß Köln ganz klar die tollste Stadt der Welt ist, in der die sympa-thischsten Menschen des Universums leben. Das sagen alle Köl-ner, das haben sie schon als kleine Kinder auswendig gelernt, also muß es wohl stimmen. Aber aufgrund der Tatsache, daß sie ihre geliebte Stadt nur äußerst selten verlassen, haben sie kaum die Möglichkeit, die herrschenden Zustände in Köln mit denen in an-deren Städten zu vergleichen. Dies führt dann dazu, daß sogar bizarre Entwicklungen wie die Einkaufs- und Verkehrssituation in der City oder die schrittweise Umwandlung der Straßen in eine permanente Mülldeponie als völlig normal angesehen werden.

Dem Neu-Kölner geht es anders. Er kennt zumindest seine vorherige Heimatstadt sehr genau und wird früher oder später an-fangen, sich sehr zu wundern. Viele werden stutzig, wenn sie ihr erstes Kölsch trinken und sich fragen, wie man so was als Bier bezeichnen kann und wieso das Gewerbeaufsichtsamt da nicht einschreitet. Andere machen einen Spaziergang durch die Innen-stadt und verirren sich in einer unüberschaubaren Straßenwüste. Oder man sagt einen unschuldigen Satz wie »Ich wohne in Hol-weide« und wird unter Hohngelächter aus der Szene-Kneipe ver-trieben.

Das Wörtchen »Imi« ist Ihnen möglicherweise unbekannt. Es steht durchaus nicht, wie viele vermuten, für »Immigrant«, dann müßte man es ja auch – trotz oder gerade wegen der Reformschreibrichtung – mit zwei *m* schreiben. Nein, Imi leitet sich ab von dem Wort »imitieren«. Es entstammt der allgemein bei eingeborenen Kölnern vorherrschenden Auffassung, ein nichtgebürtiger Kölner sei gar kein richtiger Kölner. Auch wenn Sie Ihr ganzes Leben in der Stadt verbringen und jeden Pflasterstein mit Vornamen anreden, werden Sie niemals als vollwertiger Mensch anerkannt. So wurde der SPD-Bewerberin um das Amt der Oberbürgermeisterin Anke Brunn im Wahlkampf immer wieder das »Imi-Etikett« aufgeklebt. Dabei wohnt Frau Brunn seit vierzig Jahren in Köln. Dies nur als Hinweis darauf, wieviel Freundlichkeit Sie von den weltoffenen Kölnern erwarten können. Dennoch: Nach der Lektüre dieses Buches werden Sie es nicht abwarten können, nach Köln zu ziehen. Abgesehen von der Frage, warum es eigentlich »Kölnisch Wasser« heißt und nicht »Kölsch Wasser«, gab und gibt es noch eine Menge anderer Fragen, die sich der Kölner Imi stellen muß. Dieses Buch versucht, die meisten zu beantworten. Die Betonung liegt auf *versucht.*

Der Imi als notwendiges Übel

Dem Imi kommt in Köln traditionell eine besondere Bedeutung zu. Zunächst einmal sind die Eingeborenen – so sagt es zum Beispiel der Stadtentwicklungsdezernent – eigentlich für keine richtige Arbeit geeignet und für nichts vernünftig ausgebildet. Die schwierigen Arbeiten müssen demnach von Imis erledigt werden. Auch historisch ist unser Status fundiert: Wenn nicht die Franzosen 1794 mal so frei gewesen wären, die Stadt ein paar Jahre zu besetzen und für Ordnung zu sorgen, wäre Köln heute nach Ansicht von Historikern »irgendein unbedeutendes, zurückgebliebenes Kaff mit merkwürdig überdimensionaler Kirche«. Es bedurfte der Initiative der französischen Imis, um dem Kölner höflich, aber bestimmt nahezulegen, den Müll doch bitte schön nicht mehr auf die Straße zu schmeißen und zur Krönung noch darauf zu defäkieren. Der Klerus wurde enteignet, Juden durften wieder in die

Stadt ziehen, und sogar, halten Sie sich fest, Protestanten! Das ist in etwa so, als würde Andy Möller zu Schalke 04 wechseln: undenkbar! Des weiteren sorgten die Neuankömmlinge für ein Krankenhaus, den Friedhof Melaten, für eine regelmäßige Müllabfuhr, eine gescheite Wasserversorgung und ähnlichen neumodischen Firlefanz.

In dieser Tradition steht jeder Imi, ganz egal woher er kommt. Wir dürfen im Interesse Kölns nicht zulassen, daß die Kölner irgendwann wieder Herr im eigenen Hause werden, »der Kölner ohne Imi ist nämlich eine Katastrophe, der ersäuft in seiner heimat-klerikalen Pampe« (Jürgen Becker). Der Kölner Stadt-Anzeiger sprach in einem anderen Zusammenhang vom »unverstellten Blick des Nicht-Rheinländers«. So sieht es aus: Es ist unsere Imi-Pflicht, diese Stadt zu regieren und zu kontrollieren. Die Kölner haben auf so was einfach keinen Bock. Und das ist auch gut so.

Tip für Imis!

Jede Kritik in bezug auf Köln wird von den Einwohnern in der Regel einfach ignoriert. Vor allem Beanstandungen von außen finden niemals das Gehör der Kölner. Interne Kritik von Imis muß außerdem stets diplomatisch formuliert und in aller Vorsicht vorgetragen werden. Sonst könnte es gut sein, daß Sie Ihr Leben verwirken. Als der Verlag Kiepenheuer & Witsch 1972 eine Anthologie herausbrachte, in der der Autor Heiko Deters einige zwar zutreffende, aber eben auch recht drastische Urteile über Köln verhängte, meinte ein sympathischer Kölner am Telefon: »Ich lege den Deters um. Das tue ich für alle, die ein kölsches Herz haben!« Es mag Sie überraschen, daß manche Kölner es für einen Ausdruck kölschen Herzens halten, andere Leute umzubringen. Aber wir sind ja erst am Anfang dieses Buches.

Vielleicht arbeiten Sie bereits hier und überlegen nun, nach Köln zu ziehen? Besser wär's, denn Köln ist in NRW die Pendler-Hochburg, was zusätzlich zu den tränentreibenden Zuständen auf der A3 natürlich ziemlich peinlich ist. Die Leute kommen nur zum Arbeiten her, können sich aber nicht mit dem Gedanken anfreunden, hier auch zu wohnen. Das muß sich ändern, sonst verliert Köln endgültig seinen Status als Millionenstadt. Viele Firmengründer haben in Köln erfolgreiche Geschäfte gemacht, und die Kölner sind so tolerant, es zu akzeptieren, wenn jemand von außerhalb kommt und Arbeitsplätze schafft. Dankbarkeit darf man nicht erwarten. Die Kölner sehen es nämlich als ein großzügig gewährtes Privileg an, in Köln leben zu dürfen, das muß Dank genug sein. Aber auch Normalverdiener können in dieser Stadt viel erreichen. Aus Gründen, die später erörtert werden, ist Köln ein ideales Terrain für Taxifahrer, Alarmanlagenverkäufer und Prostituierte jeder Orientierungsvariante. Und der wohl mit weitem Abstand sicherste Job ist – Müllmann.

Aber auch kreative Menschen haben hier eine Chance. Viele Menschen ziehen inzwischen nach Köln, um ihre Karriere in der TV-Branche voranzutreiben (mit TV-Branche ist die Fernsehindustrie gemeint, nicht die Transvestiten-Szene – obwohl Sie dafür hier durchaus auch nicht verkehrt wären). Köln ist die unangefochtene deutsche Fernsehhauptstadt, obwohl die Kölner mit allen Mitteln versuchen, diese Vorreiterschaft zu unterbinden, indem sie ständig gegen Drehgenehmigungen in den *Veedeln* vorgehen, weil ihnen die häufigen Dreharbeiten lästig sind. Die Landesregierung tut viel, um den Medienstandort Köln zu sichern und auszubauen. Das »Coloneum«, die geplante Medienstadt in Ossendorf, wurde sogar mit zwei Spatenstichen angegangen. Der erste von Wolfgang Clement, und später noch mal, so zur Sicherheit und damit's auch jeder weiß, von Verona Feldbusch. Erstaunlich. Vielleicht sollte Madame Feldbusch auch noch mal Herrn Clements Haushaltsentwurf überarbeiten.

Tip für Imis!

Ein wichtiges Thema für den Imi ist das Hochwasser. Sie sollten bei Ihrer Wohnungswahl darauf achten, ob das Haus möglicherweise in einem Hochwassergebiet liegt (besonders gefährdet sind Rodenkirchen, Kasselberg und Zündorf). Für die Wohnungssuche empfehlen wir Ihnen, selber eine Anzeige unter »Mietgesuche« in den Tageszeitungen aufzugeben. Dies machen nur wenige, was die Zahl Ihrer Konkurrenten gleich erheblich senkt. Die Telefonnummern von Mitwohnzentralen finden Sie ebenfalls im Anzeigenteil der Zeitungen. Zum Umgang mit Maklern: Lassen Sie sich nicht verarschen, messen Sie angegebene Quadratmeterflächen nach. Manche Kölner Immobilienkarpfen sind wahre Meister im kreativen Aufrunden. Außerdem können Sie über die Miete durchaus verhandeln, eine Wohnungsnot besteht zur Zeit nicht in Köln, auch wenn die neue Ratsmehrheit versucht, das zu beenden, indem sie der Förderung von Einfamilienhäusern den Vorrang vor Sozialwohnungen gibt. Bieten Sie einfach mal hundert Mark pro Monat weniger, häufig klappt's.

Ganz gleich, welchen Beruf Sie in Köln ausüben wollen, Sie haben nebenbei immer noch einen Zweitjob, nämlich »Imi«. Die Kölner selber merken nämlich nie was. Für die ist alles paletti, solange der FC verliert und das Bier nicht schmeckt.

Köln ist wunderwunderschön, aber dennoch wird den Imi von Zeit zu Zeit Heimweh überkommen. Ruhrgebietler werden in Köln einiges vermissen, zum Beispiel die schöne Architektur oder die breiten Straßen. Oder erfolgreiche Fußballvereine. Anderen Imis mag es ähnlich gehen: Der Bayer wird sein gutes Bier vermissen, der Schweizer seine sauberen Promenaden und der Franzose seine Eiffeltürme. Letztere mögen sich trösten: Stahltürme gibt es in Köln auch, und bis zur nächsten Eifel ist es nicht weit. Sie werden aber staunen, wie schnell Ihr Heimweh einem neuen Gefühl weicht, nämlich der bedingungslosen Liebe zu Ihrer neuen Heimat Köln. Eine Randnotiz aus unserem eigenen Erfahrungsschatz soll dies veranschaulichen. Im November 1998 passierten zwei Dinge gleichzeitig: Das Dreigestirn trat *zurück*, und der Rhein trat *über die Ufer*. So wenig wünschenswert zumindest das letztere Ereignis war, so konnte man sich als Imi von der Faszination einer hochwasserumspülten Stadt nicht ganz freimachen. Einfach weil man das noch nie gesehen hatte und aufregend fand. Wegen dieser Gefühle sollte man sich schämen und Aschenbecher auf sein Haupt streuen. Im Laufe der Zeit und wiederkehrenden Hochwasser werden Sie merken, daß die Stadt Ihnen ans Herz gewachsen ist, und daß Sie sich nicht mehr wünschen, Köln möge im Meer versinken. Zu derartigen Sentimentalitäten versteigt man sich hier recht schnell.

Bei echten Kölnern kommt es auf die Grösse an

Vor einiger Zeit wurde ein neununddreißigjähriger Kölner verhaftet, der sich beim Bau einer Bombe selbst entmannt hatte und deshalb vier Jahre lang von Autobahnbrücken auf Autos geschossen hatte. Aber na ja, keine Angst liebe Imis, nicht alle Kölner sind so …

Im Gegenteil: Ein paar von denen sind wirklich nett, und die meisten pflegen sich und sprechen sogar ganz gut deutsch. Man kann die schon mögen, solange sie sich uns Imis anpassen, und das tun sie. Aber wie ist er denn nun wirklich, der typische Kölner Eingeborene, mit dem Sie in den nächsten Jahren auskommen wollen? Der international gefeierte Philosoph Falko Rademacher hat einmal in einem insgesamt eher dämlichen Buch[1] geschrieben: »Die Kölner nehmen Dinge leicht, die sie ernst nehmen sollten, wie den Klüngel. Und sie nehmen Dinge ernst, die sie leicht nehmen sollten, wie den Humor«.

Der Kerl ist ein aufgeblasener Sackheini, wenn Sie uns fragen. Daß solche Leute Bücher schreiben dürfen, da kann man nur den Kopf schütteln. Aber leider ist er nicht der einzige, der ein völlig verzerrtes Bild von den Kölnern hat, besonders drastische Formu-

---

1 »Köln für Imis«, Köln 2000

lierungen verwendete auch der niedersächsische Berufsmisanthrop Dietmar Wischmeyer, der Köln als »Debilenkaff« bezeichnete und seine »behämmerten Ureinwohner« als einen »unerträglich von sich selbst eingenommenen Menschenschlag, vulgär, laut und zotig«. Ist das nicht furchtbar? Da wird gesunder Lokalpatriotismus und eine gesellige, fröhliche Art auf so niederträchtige Art verunglimpft, es ist schrecklich. Nun ja, »behämmert« und »debil«, das könnte man eventuell so stehen lassen, mag sein. Aber man sollte es wenigstens etwas rücksichtsvoller formulieren. Lassen Sie sich von solchen Tunichtguten nicht beeinflussen!

Es gibt ein Wort im Kölschen, das es unseres Wissens nach in keiner anderen Sprache gibt – schon gar nicht in Deutsch: *Grielächer*. Für viele ist das die beste Umschreibung für einen typischen Kölner. Heinrich Böll hat den *Grielächer* in Anlehnung an den vorhin zitierten Armleuchter Rademacher folgendermaßen beschrieben: »Der *Grielächer* nimmt nichts ernst, auch nicht, was ernst genommen zu werden verdiente; für ihn wird alles zur Variation einer Karnevalssitzung: Männergesang und Frauenrecht, Schulreform und Deportation; alles ist ihm nur Anlaß, Witze zu erzählen und allgemeine Nettigkeit zu fordern; er weiß, daß nicht so heiß gegessen wird, wie es gekocht wird; deshalb kocht er gleich lau und kommt nie in Gefahr, sich den Mund zu verbrennen … wenn ein *Grielächer* ernst wird, wird es ungemütlich: Er hat seinen Urfeind, den Geist, gewittert und ahnt, daß Unnettes unvermeidlich wird – und wenn es unnett wird, ist Köln nicht mehr Köln, und wohin sollte man sich als tumbes Brüderlein dann wenden? *Grielächer* ist unübersetzbar«. Ein *Grielächer* ist also quasi ein Humorbolzen, der alles und jeden herabsetzt, aber wenn jemand ihn selbst verarschen will, reagiert er äußerst uncool. Stefan Raab ist übrigens gebürtiger Kölner.

Der Kölner gilt allgemein als weltoffen und tolerant, und fürwahr, das stimmt. Zumindest teilweise. Es gibt da natürlich auch Ausnahmen. In manchen Gegenden Deutschlands können konservative Politiker mit ausländerfeindlichen Tiraden und Unterstützung gängiger Vorurteile spielend jede Wahl gewinnen. In Köln ginge das auch, aber nicht mit Agitation gegen Ausländer oder Homosexuelle, sondern gegen *Düsseldorfer!* Jedes Volk bastelt sich eben sein eigenes Feindbild.

Nun könnte man sagen (und manche tun es): Wie kann man eine Stadt als »weltoffen« bezeichnen, wenn ihre Toleranz schon bei der nächstgrößeren Nachbarstadt aufhört? Nicht ganz ungerechtfertigt, aber man bedenke: Das sind immerhin dreißig Kilometer Entfernung. Das *ist* für einen Kölner quasi schon die ganze Welt. Um diese Einstellung zu verdeutlichen, kam kürzlich ein »City Globus« auf den Markt, ein Globus, der nur Köln darstellt. Der Kölner Stadt-Anzeiger meinte ironiefrei, darin den »handfesten Beweis« gefunden zu haben, daß Köln »die Welt ist«. Der Globus ist von innen beleuchtet, wodurch er »Köln-typisch strahlt«, und als nächstes Projekt empfehle man Düsseldorf, »als Mond, der um Köln kreist«. Spötter meinten allerdings zu diesem »peinlichen Provinzler-Fetisch«, das sei gar nicht nötig, Köln drehe sich ja selbst schon im Kreis, wie der Globus zeige.

»Kolumbus wäre überrascht gewesen«

Nicht ganz so gut funktioniert das Argument der räumlichen Begrenzung bei dem Umstand, daß die Kölner nicht nur Nachbarstädte, sondern sogar die ganze rechte Seite ihrer eigenen Stadt diskriminieren. Die rechte Rheinseite Kölns wird traditionell *schäl sick* genannt, was soviel heißt wie »krumme Seite«. Manchmal kann man sogar hören, daß dort bereits »Sibirien beginnt«. Dabei stimmt das im Grunde gar nicht, es sieht bloß so aus.

Tip für Imis!

Sollten Sie zufällig ein Anhänger der Nazis, der FPÖ oder der Bild-Zeitung sein, ist Köln durchaus nicht die falsche Stadt für Sie. Sie müssen sich nur anpassen. Verpassen Sie niemals eine Gelegenheit, Ihre Toleranz für Ausländer und Homosexuelle zu betonen. Fast jeder rechtsradikale Mittelstandsbürger macht das so in Köln, und zwar nur, um nicht »unkölsch« zu wirken. Denn die Weltoffenheit der Kölner ist weithin bekannt, und als Ausländerfeind stünde man – zumindest formal – im Abseits, und das will niemand in Köln. Deshalb weicht man in punkto Rassismus gern auf rechte Rheinseite und Düsseldorf aus, was den Vorteil hat, daß man seine aggressive Fremdenfeindlichkeit nicht einmal verbergen muß.

Wenn man also bei der Charakterisierung der Kölner als »weltoffen« bleiben will, muß man einfach nur verstehen, was für den Kölner »die Welt« bedeutet, nämlich: Die Welt besteht nur aus dem linksrheinischen Köln – allerdings auch noch ohne Chorweiler, Worringen, Meschenich und Godorf, das sind bereits Erdtrabanten. Für den Ehrenfelder CDU-Politiker Klaus Barthel ist das Ende der Welt sogar noch schneller in Sicht (»Nippes – das ist doch Ausland«). Und die Sonne dreht sich um diese Welt. Und innerhalb dieser Welt ist der Kölner tolerant gegenüber jedem, der seit mindestens sechs Generationen dort lebt. Alles klar?

Für den Imi ist es leider nicht gerade leicht, sich in Köln zurechtzufinden. Der Kölner an sich hat nämlich eine heftige Abneigung gegen jede Art von Hinweisschildern. Ganz egal, ob es um den Weg zur Kölnarena, zu einer bestimmten U-Bahnlinie oder zu einem bestimmten Kino im Cinedom geht: Es gibt grundsätzlich keine Schilder, die den Weg weisen. So was haben Kölner nicht nötig. Die Menschen hier gehen davon aus, daß einfach jeder WEISS, wo er lang muß. Sie müssen sich also einen Stadtplan besorgen, und achten Sie darauf, daß er wirklich auf dem allerneuesten Stand ist, sonst passiert es Ihnen leicht, daß Sie zu Fuß ganze Stadtteile durchqueren müssen, weil die verzeichnete Straßenbahnlinie bereits ver- oder stillgelegt worden ist. Wenn Sie Menschen mit Straßenplänen herumflanieren sehen, muß das übrigens nicht unbedingt ein Tourist oder ein anderer Imi sein. Auch Alteingesessene benutzen noch Karten, vor allem weil viele Kölner dazu neigen, ihr *Veedel* nur im äußersten Notfall zu verlassen. Natürlich würde ein echter Kölner nie zugeben, daß er nicht jede Ecke seiner Heimatstadt wie seinen Kulturbeutel kennt, deshalb muß es besonders für die Eingeborenen, die auf der linken Seite des Rheins leben, sehr hart gewesen sein, als die Kölnarena – eine gewaltige, mit einer halben Milliarde Mark verschuldete, voller Mängel steckende Mehrzweckhalle (man hatte unvorsichtigerweise einen echten Kölner mit dem Projekt betraut, der leider nicht einmal die Grundrechenarten beherrschte) – im für viele Linksrheiner fast völlig fremden Rechtsrheinischen errichtet wurde. Viele haben sich erst mal verirrt, zum einen wegen der nicht vorhandenen Beschilderung, zum anderen weil es natürlich völlig undenkbar ist, in der eigenen Stadt nach dem Weg zu fragen. Womöglich erwischt man jemanden, der den Weg weiß, und dann stellt sich heraus, daß dieser Mensch erst einen Monat hier lebt. Dann bleibt für den Citoyen mit Würde als einziger ehrenvoller Ausweg nur noch Selbstmord.

Kölnarena

Eine andere Frage stellt man sich als Imi recht schnell: Wieso, wieso sind eigentlich alle Kölner so, na ja, so – winzig? Wenn Sie ein normal gewachsener Mann sind, werden Sie feststellen, daß ein Großteil der Kölner Ihnen gerade mal so zur Hüfte reicht. Köln, die Stadt der Sitzriesen. Vielleicht liegt's am Rauchen. Die Vokabel »Rauchverbot« ist jedenfalls im Sprachschatz des durchschnittlichen Kölners nirgends aufzufinden (ebensowenig wie das Wort »Leinenzwang«). Und mit den Jahren verschrumpeln die Kölner langsam zu einer klumpigen, zähen Masse mit engen Arterien und kurzen Stummelbeinen. Und dann werden sie Karnevalsprinz.

Aber die Kölner sind ein Volk von Geschmack und Stil. Unübertroffen ist vor allem ihr Kunstverstand. Das wurde wieder einmal deutlich, als die sogenannte »Weltkugel«, ein Objekt eines dicken Aktionskünstlers, dessen Namen wir immer wieder vergessen, von seinem Standort entfernt werden sollte. Diese Weltkugel ist eine aus Stahlringen bestehende, transparente Kugel, die auf der Spitze der Severinsbrücke steht – und deren Demontage eigentlich schon längst hätte stattfinden müssen. Der dicke Künstler, dessen Namen wir leider immer wieder vergessen, hatte sich nämlich nicht an seinen Vertrag gehalten, nach dem er die Vermarktung seines Geniestreichs selber betreiben und den Erlös der freien Theaterszene Kölns zur Verfügung stellen sollte. Aber als die Weltkugel nun im Maien des Lenzen 2000 fortgeschafft werden sollte, gab es heftige Proteste. Leserreaktionen im Kölner Stadt-Anzeiger spiegeln den ausgewogenen Kunstgeschmack der Kölner wider: »Wir lassen die Kugel in Kölle, denn dort gehört sie hin, was soll die denn woanders, das hat doch keinen Sinn«, reimte treffsicher eine Leserin, die eigenartigerweise in Bergisch-Gladbach wohnt. »Sie ist der ›Spritzer Zitronensaft‹, der einer guten Soße die geschmackliche Vollkommenheit gibt«, fand ein origineller Hobbykoch. Aber es gab natürlich auch Meckerer, wie überall: »Das angebliche Kunstobjekt ›Weltkugel‹ sollte auf die Expo nach Hannover geschickt werden, damit es das schöne Rheinpanorama nicht verschandelt«, fand ein Unruhestifter, und ein anderer fragte sich sogar: »Wie verblödet sind die Menschen, die sich von dem dicken Künstler, dessen Namen ich immer wieder vergesse, einreden lassen, der Krempel, den er fabriziert, sei Kunst?«.

Armselig, was für Kunstbanausen es leider auch in Köln gibt. Schließlich ging es hier nicht nur um eine einfache Kugel, nein: Auf der Kugel steht obendrein ein *rotes Männchen* drauf! *Das* ist eben einfach Genialität, da würde ein anderer Mensch als der dicke Aktionskünstler, dessen Namen wir immer wieder vergessen, gar nicht drauf kommen! Zumindestens kein Erwachsener.

»Abschlußarbeit der Kunst-Klasse einer Holweider Grundschule«

Die Zahl der in Köln wegen Tierquälerei konfiszierten Tiere hat sich in den vergangenen Jahren laut Veterinäramt verzehnfacht. Aber was sagen solche Statistiken schon aus? Fest steht: Die Kölner lieben Tiere. Präzise gesagt: Die Kölner lieben Hunde. Oder, um es wirklich auf den Punkt zu bringen: Kampfhunde. Es wird Ihnen schwerfallen, an einem beliebigen Tag der Woche durch eine belebte Straße zu gehen, ohne mindestens einem halben Dutzend drolliger ausgewachsener Dobermänner, Staffordshire-Terriern oder Mastiffs zu begegnen, deren tierliebe Besitzer gar nichts davon halten, ihre Hunde in ihrer freien Lebensentfaltung zu behindern, indem sie sie an die Leine nehmen. Erst durch die neuen Verordnungen vom Sommer 2000 hat sich das etwas entspannt. Zwei- bis dreimal die Woche konnte man nämlich in der Zeitung von Kindern lesen, die von Hunden in Köln und Umgebung im weitesten Sinne »angegriffen«, »schwer verletzt« oder »getötet« worden sind, aber hey, Mutter Natur ist eben manchmal grausam.

*»Mit der Zeit fangen Hund und
Herrchen an, einander ähnlich zu sehen«*

Die kommunikativen Vierbeiner könnte man vielleicht loswerden, indem man sie aufeinander hetzt und sich gegenseitig verhackstücken läßt. In Köln gibt es dafür bereits eine blühende Hundekampf-Szene, wie Tierschutzbund und Kölner Veterinäramt in »20 Minuten Köln« berichten. Darin liegt vielleicht auch der Hund begraben, warum es gerade in der Domstadt dermaßen viele Kampfhunde gibt. Bei diesen »Männlichkeitsritualen« geht es um Wetteinsätze von bis zu zwanzigtausend Mark. Es kann sich also durchaus lohnen, einen Kampfhund zu halten, obwohl so ein Staffordshire ganz schön viel Chappi frißt oder auch mal einen kleineren Hund mampft: Diese werden extra gestohlen, um sie an die Kampfhunde zu verfüttern. Manche verdienen auch Geld damit, die Tiere zu züchten. Ach ja, stimmt: Es ist, nebenbei gesagt, alles verboten, bringt bis zu drei Jahre Knast. Wir wollten's nur gesagt haben, die Polizei interessiert es nämlich nicht: »Wegen einer Töle werden wir nicht fünfzig Mann losschicken«. Also viel Spaß, denn es gibt nichts Männlicheres, als andere für sich kämpfen zu lassen, glauben Sie uns. Als Insider müssen Sie dann aber die Klappe halten, sonst gibt's Morddrohungen, und so was kann einem schon das Frühstück verderben.

Sollten Sie ein Mann sein und Gefallen daran finden, die Harnröhren anderer Männer in den Mund zu nehmen, so sind Sie in Köln auf jeden Fall richtig: Nach Schätzungen sind zehn Prozent aller Kölner schwul-lesbisch. Wie verläßlich diese Angabe ist, wissen wir nicht, schließlich wurde die öffentliche Meldepflicht für Homosexuelle seit '45 ausgesetzt. Aber es wird wohl ungefähr stimmen. Die Politik kommt klar mit den Homos. Sogar die CDU kann sich dieser großen Wählergruppe nicht ganz entziehen, da sie einen wichtigen Wirtschaftsfaktor bildet. Obermeisterbürger Schramma hatte sich nach dem letzten Karneval allerdings ein wenig in die Nesseln gesetzt mit seinem Kommentar, die schwule Karnevalsgruppe »Rosa Funken« repräsentiere »nur einen Teil der Kölner Männer«. Seitdem hat er Schwierigkeiten, in Kölner Lokalen einen freien Tisch zu bekommen. Daß *alle* Kölner Kellner (*Köbesse*) schwul sind, können wir allerdings nicht bestätigen. Manche tun wahrscheinlich nur so, weil sie sonst den Job nicht bekämen.

Hier lacht der Imi Wie heißt diese Stadt: Sie ist wunderschön,
liegt an einem wunderschönen Fluß,
hat eine wunderschöne große Brücke und ist voller
wunderschöner Schwuler?
San Francisco

Die grosse
Bahnhofskapelle

Vielleicht wollen Sie gar nicht herziehen, sondern sind nur Tourist? Nun, da sind Sie in guter Gesellschaft. Aus der ganzen Welt strömen schließlich jährlich zig Millionen Touristen nach Rom. Aber das soll uns jetzt nicht interessieren, es strömen ja auch ein paar Touristen nach Köln, hauptsächlich um zu gucken, ob das Baugerüst am Nordturm des Kölner Doms immer noch da ist. Anhand von Ansichtskarten oder Bildbänden kann man das nicht überprüfen, da ist das Gerüst komischerweise nie zu sehen! Ein verblüffender Zaubertrick, fast ein Fall für Akte X, aber es scheint niemandem aufzufallen. Wenn Touristen vor dem Dom stehen, müssen die sich das Baugerüst halt wegdenken. Das Gerüst wird jetzt vergrößert und soll noch sechzehn Jahre lang dran bleiben. Immer mehr Touristen sind inzwischen vermutlich der Meinung, Baugerüste seien ein integraler Bestandteil gotischer Baukunst. Das hat auch geschichtliche Hintergründe. Es ist noch nicht so lang her, da hatte der kölsche Dom gar keine Türme, weil die Kölner sechshundert Jahre lang Mittagspause machten und schlicht keine Böcke hatten weiterzubauen. Statt dessen war der alte Baukran oben drauf das Wahrzeichen der Stadt (noch heute meinen viele Imis, ein wahrhaftigeres Wahrzeichen habe es nie gegeben). Die Türme wurden dann natürlich von Imis, nämlich von Preußen, fertiggestellt. Die Leute haben es hier mit so was nicht so eilig, die machen sich keinen Streß. Die gehen erst mal hundert Jahre lang einen trinken, bevor sie eine Schaufel in die Hand nehmen. Wenn die Kölner Stadtreinigung keine Gastarbeiter hätte, wäre Kölle heute das westdeutsche Bitterfeld. Allerdings ohne die dortige blühende Industrie.

Kürzlich feierte der Kölner Dom sein siebenhundertfünfzigjähriges Dienstjubiläum. Also, zumindest Teile davon. Die Türme sind, wie gesagt, fast brandneu und auch sonst ist vieles nachgebessert worden. Im Kölner Dom liegt eine Art große goldene Kommode, und da drin sind die Knochen der Heiligen Drei Könige. Also, nicht wirklich, man hat festgestellt, daß die nicht echt sind, aber von irgendwelchen »international gefeierten Koryphäen von

Weltruhm« lassen sich die Kölner nicht den Spaß verderben. Für den Tourismus ist es ja eh egal. Der Sarg ist wahrscheinlich auch nicht aus echtem Gold, sondern bloß aus Blech, um das man Goldpapier aus Schmierkäseverpackungen drumgewickelt hat. Solche Dinge sieht man hier nicht so eng. Freilich waren die Herren Könige nie in Köln, die Knochen hat halt irgendwann mal einer aus dem Orient mitgebracht. Sie kennen das ja auch aus dem Urlaub, die Typen da können einem irgendwie *alles* aufschwatzen.

Der Kölner Dom

Kölns alter Ruhm als Pilgerzentrum fußt sowieso im wesentlichen auf Trickbetrug im ganz großen Stil. Der Verkauf von gefälschten Reliquien stellt alle Kujaus dieser Welt locker in den Schatten. Das Problem ist, daß heute keiner mehr weiß, was für Knochen echt heilig waren und welche vom Rauhhaardackel des Domküsters stammen. Sie sollten in Ihrem Testament unbedingt festhalten, daß Sie verbrannt und in den Rhein verstreut werden wollen, sonst kommen nachts ein paar Typen auf den Friedhof, klauen Ihre Knochen und verscherbeln sie an Touristen. Da sind die hier ziemlich nonchalant.

Besonders häufig sind übrigens japanische Touristen in Köln zu bewundern. Anscheinend hat Köln einen Deal mit Japan abgeschlossen: Die Japaner kommen alle her, sehen sich Köln an, tauchen den Dom in ein Blitzlichtgewitter und halten die Kölner Touristikbranche am Laufen, und als Ausgleich dafür bekommen sie – Pierre Littbarski.

Tip für Imis!

Wenn Sie den Kölner Dom von innen besichtigen wollen, müssen Sie sich an ein paar einfache Grundsätze halten. Zunächst einmal dürfen Sie kein Inder sein. Oder beziehungsweise falls Sie doch einer sind, dürfen Sie keinen Turban tragen, denn ein Mann mit Turban »gehört nicht in dieses Gotteshaus«, wie sich ein wütender Pastor bei Gelegenheit ausdrückte. Also, wenn zum Beispiel die Heiligen Drei Könige heute leben würden, in den Kölner Dom dürften die gar nicht rein, um ihre Knochen zu besichtigen. Als Frau müssen Sie sich gut verhüllen und Ihre ganzen sekundären bis tertiären Geschlechtsmerkmale verbergen, sonst werden die Oberaufseher nervös. Die loben die weiblichen Besucher islamischer Länder, die seien meist »vernünftig angezogen«. Vor allem weil es im Dom relativ kühl ist, und wenn dann die Nippel von den Weibern so durch den Stoff scheinen, wer soll sich da noch unkeuscher Gedanken erwehren? Das Verhalten der Dompfaffen braucht Sie also nicht zu verblüffen. Etwas anderes wäre es natürlich, wenn die Kirche Probleme mit der Zahl ihrer Gläubigen hätte. Aber solange der katholischen Kirche noch dermaßen die Bude eingerannt wird, kann man es sich auch leisten, an Religion interessierte Dom-Besucher zu vergraulen. So what?

Gott ist Kölner

Wo wir gerade beim Dom sind: 795 wurde Köln Erzbistum, und zwar auf Betreiben von Karl dem Großen. Warum er Köln so gehaßt hat, ist nicht bekannt. Von da an mußte jedenfalls fast alles Geld für den Bau von Kirchen ausgegeben werden, und heute wird fast alles Geld ausgegeben, um die ganzen Steinhaufen am Einstürzen zu hindern. Um dieses Problem zu lösen, kursierte eine Weile ein Vorschlag durch die Stadt: Mit der Bewerbung des Müngersdorfer Stadions für die WM 2006 will man mit DFB-Zuschüssen die Sanierung desselben finanzieren. Clever, nicht wahr? Und so könnte man ja auch die Instandhaltungskosten des Doms reinholen! Sofern da ein ganzes Fußballfeld reinpaßt. Und dann noch ein paar Spieler, und das Ding geht glatt als Stadion durch!

Aber solche ketzerischen Gedanken verliert man hier als Imi schnell. Religion ist in Köln ein erstaunlich unsensibles Thema, was im wesentlichen daran liegt, daß sich niemand dafür interessiert und die Kirche andere Sorgen hat, als sich um Religion zu kümmern. Schelme behaupten, die Kölner seien überhaupt nur deshalb Katholiken, weil die die meisten Feiertage haben. Das schwante unter anderem auch dem Stadtdechant Westhoff. Der forderte, die Anzahl der Pfarreien zu verringern, damit sich die Priester in den leeren Kirchen nicht immer so alleine fühlen. Tatsächlich wurde jüngst beschlossen, bis 2010 die Zahl der katholischen Priester um dreißig Prozent zu senken. Dem Erzbistum Köln laufen die Gläubigen quasi in Formel-1-Lastwagen davon. 1998 traten circa fünfzehntausend Kölner aus der katholischen Kirche aus, die Kirchenkasse mußte einen Einnahmeverlust von neunhundertzwei Millionen Mark verkraften. 1999 war es noch schlimmer. Im Durchschnitt kreuzen von den verbliebenen Katholiken gerade mal zehn Prozent sonntags in der Kirche auf (Sie verstehen – »aufkreuzen«, harhar), und diese zehn Prozent bestehen praktisch ausschließlich aus Menschen über siebzig, die aus Gewohnheit zur Messe gehen und für die der Gottesdienst in etwa denselben Stellenwert hat wie eine neue Folge von »Der Alte«.

Der Stellvertreter des Papstes auf Erden heißt in Köln Joachim. Das klingt jetzt vielleicht nicht so sakral – man stelle sich mal vor: »Papst Joachim I.«, – aber lassen Sie sich nicht täuschen, der Mann ist so katholisch, daß einem schwindlig wird. Mit vollem Namen heißt er Joachim Meisner, er stammt aus der Zone und arbeitet in Teilzeit: vormittags als Erzbischof, nachmittags als Kardinal. So richtig kapiert das keiner, aber da es auch niemanden interessiert, wird nicht nachgefragt. Die Leute haben eh genug damit zu tun, seinen streckenweise etwas verschrobenen Gedankengängen zu folgen. So war er federführend bei der Torpedierung des Kompromisses bei der katholischen Schwangerschaftsberatung, indem er die anderen Bischöfe beim Papst verpetzte. Zur CDU-Spendenaffäre meinte er, er hätte sich gewünscht, daß die Christdemokraten »andächtiger gebetet hätten«. Zu wem – zu Gott oder zu Helmut Kohl? Viele Christdemokraten haben immer noch Schwierigkeiten, das auseinanderzuhalten. Überhaupt macht ihm die CDU wenig Freude, findet er doch die Aufnahme von Juden und Muslimen in die Partei einen Verstoß gegen das christliche »Wertefundament«. Gut gesagt! Wohin soll das noch führen? Als nächstes käme ein CDU-Wahlkampf, in dem *nicht* gegen Ausländer gehetzt würde! Und es gäbe christdemokratische Ehefrauen, die selber einem Beruf nachgehen! Und die würden dann nicht einmal öffentlich verbrannt! Gut, daß einer wie der Erzkardinal aufpaßt, das würde noch ein böses Ende nehmen. Die eher pessimistische Grundhaltung seines Stadtdechanten kann uns Schorsch nun gar nicht teilen. Er findet die Kirche überhaupt nicht überflüssig, er findet sie nötiger denn je. Und zwar, weil es für die Kirche »kaum eine Konkurrenz« gebe. Richtig, genausowenig wie für eine Regenstiefel-Fabrik in der Wüste Sahara oder einem McDonald's auf dem Uranus. Das sind noch richtige Monopole!

Unterstützt wird der Ostberliner übrigens von seinem servilen Adlatus, Dompropst Henrichs. Der Mann ist sogar noch einen Tick durchgeknallter. So wollte er zum Beispiel erreichen, daß das Medienbürgerfest auf dem Domvorplatz für eine Stunde unterbrochen werde, damit er in Ruhe im Dom eine Trauung vollziehen könne. (Sämtliche anderen Kirchen Kölns wurden zu dem Zeitpunkt wahrscheinlich gerade renoviert.) Rücksichtsloserweise kam man diesem Ansinnen nicht nach. Ganz im Gegentum zu der »Klagemauer«, einer Installation aus fünfzigtausend Papptafeln zu Füßen des Doms, die den renommierten Friedenspreis der Stadt Aachen erhielt. Allerdings posthum, das Kunstwerk wurde nämlich auf Betreiben des Domkapitels abgerissen. Weil die »Klagemauer« das Erscheinungsbild des Doms stören würde und auf den Papptafeln keine Bilder von Leuten mit Heiligenschein zu sehen waren.

Den Kölnern sind solche kleinen Anfälle ihrer katholischen Ulknudeln indes egal, auch die Katholiken interessieren sich nicht dafür, was ihre Amateur-Ayatollahs so daherreden. Und das ist auch gut so, die Kölner haben nämlich vor langer Zeit schon einmal einen Erzbischof aus der Stadt vertrieben. Meisner sollte also besser den Bogen nicht überspannen.

Zum Fressen ungern

Jede Region hat so ihre eigenen Spezialitäten: Das Ruhrgebiet hat Döner, Ostpreußen hat Königsberger Klopse, und Köln hat den *Halven Hahn*.

Mit dem ist das echt lustig, der Name ist nämlich ein Trick, um Touristen und Imis zu verarschen. Für die meisten klingt das so, als würde man beim Kellner ein halbes Hähnchen, Hühnchen, Hendl oder Broiler bestellen. Um so ratloser der Blick des Nichtkölners, wenn ihm der Mann dann breit grinsend eine Art Käse-Burger serviert. Der *Halve Hahn*, den Sie in vielen Kölner Kneipen und Gaststätten auf der Speisekarte finden, ist nämlich ein *Röggelche met Kies* beziehungsweise also ein Roggenbrötchen mit einer Scheibe alter Holländer Käse. Ne *halve Hahn met Kompott* ist ein solches Käsebrötchen mit Senf. Gewiß, das klingt jetzt total widerlich, und wir können Ihnen versichern, das ist es auch. Aber es wird trotzdem in Köln gegessen, weniger aus geschmacklichen Gründen, sondern aus Tradition. Der Ursprung dieser irreführenden Bezeichnung geht auf das Jahr 1878 zurück. Der Dorftrottel der Stadt hatte Freunde eingeladen und jedem ein halbes Hähnchen versprochen, ließ dann aber die erwähnten Käseschnitten servieren. Ein Paradebeispiel für den spritzigen, wenn auch nicht unbedingt ganz nachvollziehbaren Mutterwitz der Kölner. Es mag unglaublich anmuten, daß man heute bereitwillig etwas herunterwürgt, was schon damals eigentlich nur als *Späßje* gedacht war. Aber so sind die Kölner, die lustigsten Menschen diesseits der Milchstraße: Hier ißt man sogar Scherzartikel.

Hier lacht der Imi

Ein Imi bestellt im Lokal einen *Halven Hahn*. Als der Kellner ein Käsebrötchen mit Senf serviert, wundert sich der Imi: »Was soll das?« Meint der Kellner: »Das verstehen wir Kölner unter einem *Halven Hahn*.« Der Imi knurrt verdrießlich, läßt sich aber das Brötchen schmecken und bestellt zum Runterspülen ein Bier. Der Kellner serviert ihm eine Stange Kölsch ohne Schaum. Der Imi trinkt einen Schluck und wundert sich: »Was soll das?« Meint der Kellner: »Das verstehen wir Kölner unter Bier.« Der Imi knurrt verdrießlich und zahlt. Der Kellner wundert sich: »Was soll das?« Meint der Imi: »Das verstehen wir Schwaben unter Trinkgeld.«

Es gibt auch noch andere Spezialitäten, zum Beispiel *Ähzezupp* (Erbsensuppe mit Erbsen) und den *kölschen Kaviar*, aber was das ist, erklären wir lieber nicht, sonst wird dieses Buch vermutlich indiziert. Besonders wichtig ist natürlich das Bier, das es in schätzungsweise 3.478 verschiedenen Marken gibt, aber nur in einer Geschmacksrichtung: kölsch. Das Bier ist nicht besonders stark, deshalb trinkt man mehr davon, aber Sie müssen trotzdem so viel dafür bezahlen wie für richtiges Bier. Eins der vielen brillanten Verkaufskonzepte Marke Köln.

Die Kölner trinken im Grunde überhaupt nichts anderes mehr (Spötter meinen, das sei auch gut so bei dem Trinkwasser), während Imis und Touristen mit Kölsch häufig Probleme haben. »Mineralwasser mit Biergeschmack« war noch die harmloseste Umschreibung einer weiblichen Imi aus Hamburg, die lieber dieses grünflaschige Gesöff trinkt, für das Joe Cocker sich nicht zu schade war zu singen. Heinrich Böll verwendete für Kölsch die empörende Formulierung »harntreibendes Lokalgebräu«. Und der »Humorist« Dietmar Wischmeyer vergriff sich leider völlig im Ton: »Ein Bierersatz, der nach Pisse schmeckt«, der in Form einer »Stange schaler Jauche« serviert wird von »vagabundierenden Urinkellnern«. Das müssen wir wohl nicht kommentieren. Bilden Sie sich eben selbst ein Urteil. Wir finden: Urin schmeckt völlig anders. Manche Leute können wirklich nur meckern, meckern, meckern …

>>Köln ist sehr proletisch. Düsseldorf ist eleganter.«
Harald Schmidt, Saftsack

Das Düsseldorf

Gewisse kölsche Grundüberzeugungen sickern auch dem kosmopolitischsten Imi irgendwann in die Knochen, anschaulich illustrabel am Beispiel der Landeshauptstadt Düsseldorf und die von ihr hervorgerufenen irrationalen Aggressionen bei den Kölnern. Es wird Ihnen immer schwerer fallen, sich dieser Verachtung des D'dorfs zu entziehen. Normalerweise kennt man solche Rivalitäten nur zwischen kleinen Provinznestern, wo die Einwohner des einen Orts den anderen am Karfreitag das Osterschwein stehlen oder so was. Aber irgendwie hat sich Köln eben doch den Charme und die Menschlichkeit eines Kuhkaffs bewahren können. Die Düsseldorfer hingegen, die inzwischen sogar Kölsch in ihren Kneipen ausschenken und auf dem letzten Rosenmontagsumzug einen »Versöhnungswagen« für die beiden Städte mitfahren ließen, scheinen zu glauben, sie stünden über solchen Dingen. Von solchen Ranschmeißversuchen lassen sich echte Kölner aber nicht einlullen.

Jedenfalls nicht der Galerist Gerald Hennig. Dem ist folgendes aufgefallen: In Kölner Gaststätten steht sehr häufig ein Düsseldorfer Produkt auf dem Tisch, nämlich eine bekannte Senfmarke, die nach einem Raubtier aus der Katzenfamilie benannt ist. Düsseldorfer Senf in Kölner Kneipen! Ein Wunder, daß in all den Jahren die Frikadellen nicht zu Asche in unseren Mündern wurden! Ganz zu schweigen von den *Halven Hähnen*, die eh schon eklig genug sind. Und so will der Herr Hennig nun kölnischen Senf unter dem Namen »Tigersenf« auf den Markt bringen. Der kluge Mann spekuliert: Wer im Regal neben dem Düsseldorfer Senf den Kölner Senf sieht, kauft aus Liebe zur Domstadt das einheimische Produkt. Wir zweifeln nicht daran, daß dies hervorragend funktioniert, denn ganz sicher kann man in Köln mit dem Düsseldorf-Haß Geld verdienen.

Hier lacht der Imi

Was ist ein guter Düsseldorfer?
Tot.

Jedoch, auch dies ist alles nicht mehr so einfach wie früher. Die Globalisierung der Wirtschaft hat auch Köln erreicht. Beispielsweise wurde die Kölner »Ladenstadt«, ein in einem dunklen, engen Labyrinth unter einem Hochhaus angesiedelte Panoptikum von liebenswert antiquierten Geschäften aus den sechziger Jahren, von einem Düsseldorfer gekauft. Und die Dom-Brauerei, die gleich drei Kölsch-Marken produziert, wurde geschluckt – von der Düsseldorfer Altbier-Schmiede Schlösser! Es war sogar kurzfristig angedacht worden, das Dom-Kölsch in Düsseldorf zu brauen!

Können Sie sich so etwas vorstellen? Die Kölner jedenfalls nicht, und das müssen sie auch nicht, denn die »Kölsch-Konvention« von 1986 regelt arschklar, daß Kölsch nur innerhalb von Köln gebraut werden darf. Wird das Zeug woanders zusammengepanscht, ist es nur schales obergäriges Pseudo-Bier ohne Geschmack. Aufgrund dieser Regelung wird Dom-Kölsch auch –weiterhin in Köln fabriziert, obwohl es jetzt eigentlich ein Düsseldorfer Produkt ist. Obendrein wurden dann auch noch andere Kölsch-Marken von einer bayerischen Firma geschluckt, was die Kölner sofort in Angst und Schrecken versetzte. Würde man in Zukunft Kölsch aus richtigen Biergläsern trinken müssen und nicht mehr aus den geliebten Reagenzgläsern? »Da geht doch die Kölsch-Tradition verloren, wenn die Bayern die Finger im Spiel haben«, ärgerte sich einer. Außerdem verschale Kölsch in den Literkrügen sehr schnell, anders als bei richtigem Bier. Freilich wurden durch diesen Deal Standort und Arbeitsplätze gesichert. Sie sehen: Es wird komplizierter mit der Weltwirtschaft, es wird immer schwerer, sich gegen ausländische Firmen abzuschotten. Aber die Kölner versuchen es tapfer, wo sie nur können.

Das Blöde ist nur, daß es ihnen sehr häufig sogar gelingt, was mittlerweile zur Folge hat, daß die Wirtschaftsregion Köln ins Mittelmaß abgerutscht ist, wie die Handwerkskammer Hamburg festgestellt hat. Die Position Kölns sei »relativ schwach«. Düsseldorf hingegen liegt bei wichtigen Standortfaktoren in der Spitzengruppe. Die Kaufkraft der Düsseldorfer ist höher, der Düsseldorfer Flughafen ist sehr viel wichtiger als der in Porz-Wahn, durch die Verlegung der Metro AG von Köln nach Düsseldorf geht die Stadt auch in der Anzahl der Dax-Unternehmen in Führung, und das D'dorf hat bedeutend mehr Messebesucher. Die Karnevalsmesse zum Beispiel haben sich die Düsseldorfer auch unter den Nagel gerissen, ausgerechnet. Das führte gruseligerweise dazu, daß wichtige Kölner Karnevalskaufleute in das verhaßte D'dorf mußten, um ihre Waren anzubieten. Können Sie sich diese Blamage vorstellen? Die bescheuerte Handwerkskammer Hamburg empfiehlt den Kölnern, eine Kooperation mit Düsseldorf einzugehen. Durch so eine Zusammenlegung entstünde ein Wirtschaftsraum, der in fast allen Faktoren Spitzenwerte erreichen könnte. Die arroganten Düsseldorfer haben aber noch immer den Standpunkt: Köln braucht uns, aber wir brauchen Köln nicht. Das Gräßliche ist: Die haben recht.

Aber hey, das ist doch alles wurscht! Solange der FC erstklassig spielt und Fortuna Düsseldorf bei den Amateuren, ist doch völlig klar, welche Stadt die Nummer eins ist, stimmt's? Apropos.

Die Abneigung gegen Düsseldorf nimmt zuweilen dramatische Ausmaße an. So auch beim Bau des neuen Stadions für den 1. FC Köln. Die kostengünstigste Vorgehensweise wäre es, das alte Müngersdorfer Stadion komplett abzureißen und ein neues zu bauen. Der Nachteil bestünde darin, daß der FC solange wohl nur im Düsseldorfer Rheinstadion spielen könnte, um Einnahmeverluste zu begrenzen. Eine Vorstellung, die jedem Kölner derart abartig vorkommt, daß sie zu keiner Zeit ernsthaft in Erwägung gezogen wurde. Es sei denn, so ein verschmitzter Beamter, man würde »das Stadion in Köln-Nord umbenennen«, was die hochmütigen Düsseldorfer natürlich prompt ablehnten. Statt dessen läuft es darauf hinaus, daß man versucht, das alte Stadion umzubauen und dabei den Spielbetrieb aufrechtzuerhalten. Das Dumme ist nur, das kostet etwa fünfzig Millionen Mark mehr, aber mein Gott, was soll's? Die Stadt hat's ja. Zur Not kann man die Gelder für die Schulen noch mehr kürzen, nur noch jedes elfte Schlagloch reparieren und die Stadtbibliothek endgültig schließen. So kriegt man das Geld ganz schnell rein, und es wäre noch nicht einmal eine besondere Umstellung.

Daß die Kölner bereit sind, nur ihres Düsseldorf-Hasses wegen einen zweistelligen Millionenbetrag auszugeben, sollten Sie nicht negativ werten. Sicher, sogar die Münchner Löwen spielen im Olympiastadion, aber in der Weltstadt Köln läuft's anders als in dieser Bayern-Klitsche. Und überhaupt: Das Geld ist gut angelegt. Man stelle sich ein Köln vor, das in friedlicher Harmonie mit Düsseldorf lebt, in dem man ein Glas Alt-Bier bestellen kann, ohne erschlagen zu werden, und in dem man akzeptiert, daß Kölner gegenüber Düsseldorfern nicht die geringsten Vorzüge haben. Würden Sie in so einem Köln leben wollen? Na, da haben Sie's. Also: Mögen sich Israelis und Palästinenser in die Arme schließen und in Nordirland Friede, Freude, Eierkuchen herrschen: In Köln wird man niemals Alt-Bier trinken! Wir Kölner haben unseren Stolz!

Lebenshilfe
für Imis

In diesem Kapitel gehen wir etwas genauer auf die Lebensum-
stände in Köln ein und klären wichtige Detailfragen, wie die Einkaufssituation, den Zeitungsmarkt oder die Lage bei den städtischen Sport- und Unterhaltungsbetrieben. Lesen Sie es sorgfältig
vor ihrem Umzug, Sie ersparen sich einige ziemlich verwirrende
Überraschungen.

Mad City - Einkaufen im siebten Kreis der Hölle

Jeder Imi hat in den ersten Wochen seiner Kölschisierung die Gelegenheit, ein ungeheuer witziges, spannendes Spiel in der Kölner
City zu spielen: es heißt »Finde die Post!«

Ziel ist es, durch die sogenannte Fußgängerzone der Kölner Innenstadt und die umliegenden Straßen zu laufen und die nächste
Postfiliale zu finden. Das klingt einfach, finden Sie? Hohoho … Am
Neumarkt, dem Dreh- und Angelpunkt der City, gibt es alle mög-
lichen Bankfilialen und Buchläden, aber keine Postfiliale. Na gut,
denkt sich der schlaue Neu-Bürger, dann schau ich mal in die
Schildergasse hinein, eine schmale Seitenstraße, die zusammen
mit der noch engeren Hohe Straße zur Haupteinkaufszone dieser

Fast-Millionenstadt umgestaltet wurde. Aber auch in diesen beiden Gäßchen und in den umliegenden verwinkelten Nebenwegen werden Sie keine Postfiliale finden. Da wir Ihnen den Spaß am Spiel nicht verderben wollen, verraten wir hier nix. Durch die Pläne der Post, besonders im Raum Köln sehr viele Filialen auszugliedern und in Geschäften zu verstecken, wird der Schwierigkeitsgrad jetzt auch noch mal deutlich erhöht.

Im »Spiegel« (Ausgabe 47/99) stand in einem größeren Artikel über den Kurfürstendamm in Berlin zu lesen: »Aus dem Edelboulevard werde eine B-Meile, argwöhnen die Kritiker, verwechselbar mit den Einkaufsstraßen etwa von Essen, Köln oder Stuttgart. Wie dort könnten künftig in Berlin wenige viel Geld verdienen – und das habe in der Regel Konsequenzen.« Nun, wir kennen die Situation in Essen und Stuttgart nicht, aber was Köln angeht: Die Kölner Innenstadt hat keine »B-Meile«. Oh nein! Sie hat sogar *zwei* »B-Meilen«!

Na ja, Spaß beiseite. Die Schildergasse und die Hohe Straße bilden tatsächlich die ganze Fußgängerzone von Köln, wobei Kritiker bemerken, daß man diese Bezeichnung nicht aufrechterhalten kann, denn unter einer »Fußgängerzone« versteht man normalerweise ein breit angelegtes Areal, auf dem sich nur Fußgänger aufhalten dürfen und ansonsten höchstens noch Lieferantenfahrzeuge. In der Tat: Unter diesem Gesichtspunkt muß man zu der etwas verblüffenden Feststellung gelangen, daß die Stadt Köln, die viertgrößte Stadt der Deutschheit, *keine* Fußgängerzone besitzt.

»Fußgängerzone Marke Köln«

Denn überall fahren Autos durch. Die Kölner sind allesamt von dem bizarren Wahn besessen, man könne eine angenehme Einkaufszone haben, die man mit dem Auto durchqueren kann – besonders in den *Veedeln* wird dieser weltfremden Einstellung Blutzoll bezahlt, da hat man die Einkaufsmeilen direkt an die Hauptverkehrsadern gesetzt! Ehrlich, das ist kein Witz! Wir wundern uns, daß man nicht auch durch die Schildergasse mit dem Auto fahren kann. Die ganze City ist durchsetzt von Straßen, sogar Fußgängerampeln gibt es in der Einkaufszone, was dem Sinn eines solchen Areals im Prinzip diametral entgegensteht. Fachleute wundern sich seit vielen Jahren, wie es so weit kommen konnte und warum sich die Kölner das eigentlich bieten lassen. Der Grund ist denkbar einfach: Die Kölner *wissen* gar nicht, daß das nicht normal ist! Die halten es für ein selbstverständliches urbanes Metropolenmerkmal, daß man mit dem Wagen durch die Fußgängerzone der Stadt fahren kann. Die wühlen sich sogar sonntags und an Feiertagen durch die brodelnde Masse in der Einkaufszone, zockeln an dem einzigen Tag der Woche, an dem sie sich entspannen könnten, in staulastigen Autolawinen in die hoffnungslos überfüllte Mini-City und finden das nicht einmal seltsam. Wir Imis bemerken so was natürlich, wissen wir doch, wie anders das in unserer Heimatstadt ist, aber leider ist besonders dieser Sektor einer, in dem Imis sich bislang nicht so recht bemerkbar machen konnten.

Denn die Einkaufssituation Kölns wird von einem zwielichtigen Verband namens »City-Marketing« diktiert. Die Vereinigung von City-Kaufleuten und -Konzernen führt Übles in der Schildergasse. Auch wenn dieses Buch, wie Sie sicher schon gemerkt haben, ein einziges Loblied auf die schöne Rhein-Metropole Köln ist, so können wir uns an diesem Punkt Kritik doch nicht ganz verkneifen. Der Verband besteht fast nur aus Filialisten, die aus der Kölner City eine 08/15-Einkaufsgegend deutscher Langeweileprägung gemacht haben, die Dietmar Wischmeyer als »City von der Stange« beschrieben hat. Wobei es Ausnahmen gibt: Vermutlich steht in Köln die einzige Karstadt-Filiale der freien Welt, die keine Abteilung für Unterhaltungselektronik hat – keine Fernseher, keine Videorecorder, keine Stereoanlagen. Das ist, für sich genommen, die reinste Sehenswürdigkeit.

»City-Marketing« ist sehr mächtig, viele sagen übermächtig, wir sagen: allmächtig. Der Verband verlangt immer wieder mehr verkaufsoffene Samstage und sogar Sonntage – und bekommt sie auch jedesmal: Zehn extra lange Samstage gibt es pro Jahr. Freilich nur in der Innenstadt, nicht in den *Veedeln*, denn der Kölner Einzelhandelsverband ist von der Zusammensetzung her eigentlich nur eine Zweigstelle von »City-Marketing«. Die meisten der langen Samstage sind in der Vorweihnachtszeit, und da das Weihnachtsgeschäft fünfundzwanzig Prozent des Umsatzes ausmacht, werden die *Veedel*-Händler so von Politik und Konkurrenz hohnlachend in die Pleite getrieben. Auch sonst wird den vor Geldgier sabbernden Kaufleuten aus Schildergasse und Hohe Straße jeder Wunsch erfüllt, egal wie bekloppt er ist. Die wohl kurioseste Position von »City-Marketing« ist es, Köln zum »Einkaufszentrum West« zu machen. Das bedeutet: Man will nicht nur Kunden aus dem Kölner Umland herbeilocken, sondern sogar aus den Niederlanden! Dabei kann man in der Kölner City alles mögliche beklagen, aber nun wirklich keinen Kundenmangel. Die Schildergasse hat die zweitstärkste Passantenfrequenz in Deutschland. Angesichts der hoffnungslosen Überfülltheit der Kölner City ist es uns ein Rätsel, wie es überhaupt möglich sein soll, noch mehr Kunden in die Stadt zu bekommen – schon rein räumlich. Zudem ist die Hohe Straße, immerhin die erste Fußgängerzone Deutschlands (von 1971), gerade mal neun Meter breit. Das Ergebnis können Sie sich vorstellen. Der Schriftsteller Gerhard Zwerenz meinte: »Die Hohe Straße besteht aus einer Million Beinen und der lustigen Einsicht, daß der Erfolg die Mittel heiligt.« Das kann sich allerdings auch mal furchtbar rächen. Nach einem der langen Samstage vor Weihnachten 1999 mußte der Kölner Stadt-Anzeiger die Schlagzeile bringen: »Furcht vor Massenpanik«. Was war passiert? Ein Bombenfund? Ein Gasleck? Ein Spontan-Gig von Wolfgang Niedecken? Nein, nichts dergleichen. Der ganz normale Kundenansturm in der City war es, der beinahe eine Katastrophe ausgelöst hätte. Der Polizeisprecher berichtete hinterher: »Da sind Mütter mit ihren Kindern regelrecht in die Geschäfte geflüchtet.« Sogar Hintereingänge von Geschäften wurden benutzt, um nur von der Hohe Straße runterzukommen. Es war einfach zu voll. Später mußte der Bundesgrenzschutz den Haupteingang des Hauptbahnhofs abriegeln. Das alles führte übrigens auch zu einer starken Erhöhung der Zahl der Verkehrsunfälle, allein an jenem Samstag einhundertfünfzig. Mitverursacher waren Reisebus-Kolonnen aus dem Umland, deren Insassen vom »Einkaufszentrum West« einen bleibenden Eindruck bekommen haben dürften.

All dies ist aber weder für die Stadt noch für »City-Marketing« ein Grund, den Kundenandrang nicht noch weiter anzuheizen. Wir wissen nicht, *wann* die ersten Menschen in der Hohe Straße totgetrampelt werden, aber lange dürfte es nicht mehr dauern.

»Die Hohe Straße braucht unbedingt mehr Kundschaft«

zwei...

Tip für Imis!

Kaufen Sie nicht in der Innenstadt ein. Es ist deprimierend, stressiger als eine Ski-Abfahrt in einer Gletscherspalte und viel zu teuer. Die Stadt hat zwar seit vielen Jahren darauf geachtet, daß außerhalb der City kein autarkes Einkaufszentrum mit attraktiver Branchenmischung entstehen kann, aber es ist uns gelungen, nach monatelanger Recherche und vielen Rundfahrten Ausweichmöglichkeiten zu finden, die nicht dem Einfluß von »City-Marketing« ausgesetzt sind. Wir nennen hier besonders die Städte Hürth und Leverkusen. Näheres dazu finden Sie in der Vorstellung der einzelnen Stadtbezirke im Kapitel »Geographie für Imis«.

Die geistig anscheinend leicht verwirrte Vorsitzende des Wirtschaftsausschusses meinte: »Eine attraktive Innenstadt kommt auch den Nebenzentren zugute«. Daran können Sie erkennen, wie tolerant die Kölner sind: Hier darf man den größten, unvorstellbarsten, monströsesten Debilen-Schwachsinn von sich geben und wird trotzdem nicht rausgeschmissen. In anderen Städten wäre so eine herzerfrischende Idioten-Gnade gar nicht möglich. Tatsächlich machen in Köln nur die großen Kaufhäuser und Geschäfte im Bereich von Schildergasse und Hohe Straße *Profick* (kölsch für »Umsatz«), alle anderen stehen ständig kurz vor der Pleite. Auch in Seitenbereichen der Innenstadt, die streckenweise den rustikalen Charme von dreckigen Schlachthaus-Hinterhöfen verbreiten, gibt es keinen Blumentopf zu gewinnen: Schon der Friesenwall sei nun mal »keine Laufgegend«, wie es der Geschäftsführer im Einzelhandelsverband treffend formulierte. Ähnliches gilt für den »Bazaar de Cologne«, ein leerstehendes Luxus-Einkaufszentrum, das circa dreihundert Meter westlich vom Neumarkt in einer Seitengasse steht – und damit bereits in struktureller Diaspora. Das merkt man auch an den verblüffenden Unterschieden bei den Mieten für Geschäftsräume: In der Hohe Straße zahlt man spitze dreihundertsiebzig Mark pro Quadratmeter (Tendenz steigend), in der ganz nahe liegenden Breite Straße häufig nur vierzig Mark. Kein Wunder, denn schon dort beginnt die Pleitezone, obwohl sie mitten im Stadtzentrum liegt.

Noch schlimmer ist die Lage für die Einzelhandelsverbände der übrigen Geschäftsviertel der Stadt, die treffsicher bemerken: »Wir werden an die Wand gedrückt.« Die erweiterten Öffnungszeiten an den Samstagen machen es den familiengeführten Betrieben in den Vororten praktisch unmöglich, mit der mächtigen City-Konkurrenz mitzuhalten. Überdies sei, wir können das nur unterstreichen, die Stadtteilpolitik schlecht: Der Branchenmix ist eintönig und besteht zumeist aus Billigläden und den üblichen Filialisten. Und wenn dann auch noch die Geschäfte durch stark befahrene Straßen voneinander getrennt sind, hört der Spaß irgendwie auf.

Tip für Imis!

Falls Sie in Köln vielleicht einen Laden aufmachen wollen: Vergessen Sie's. Die Industrie- und Handelskammer zu Köln konstatiert eine »heftige Bewegung« im Einzelhandel. Meint: Die Geschäfte verschwinden schneller als sie aufgemacht werden. Auch alteingesessene Händler werden von den Filialisten verdrängt. Sie haben keine Chance. Versuchen Sie nicht, sie zu nutzen.

Etwas bessere Einkaufsmöglichkeiten gibt es kurioserdings nur am Stadtrand. Exemplarisch ist der Stadtteil Weiden. Daß es den gibt, erfährt man als Imi nur mit einem großen Umgebungsplan, auf normalen Stadtplänen ist der gar nicht drauf. Warum, was verbergen die nur? Jedenfalls steht in Weiden, diesem weißen

Fleck am Rande des Kölner Universums, ein sehr großes Einkaufszentrum, welches an Übersichtlichkeit erstaunlich viel zu wünschen übrig läßt (auch hier das in Köln weit verbreitete Problem, daß man Hinweisschilder für die überflüssigste Errungenschaft der zivilisierten Welt hält). Es dient freilich auch gar nicht dazu, daß Kölner dort einkaufen, das sähe die Stadt gar nicht gern. Die Kölner sollen in der Innenstadt einkaufen und sonst nirgends. Nein, das Rhein-Center dient ausschließlich dazu, den Einzelhandel von Pulheim und Frechen kaputtzumachen, genau wie das Gewerbegebiet Marsdorf. Dies ist vermutlich eine vorbereitende Maßnahme für die bald anstehende Eingemeindung der beiden Kleinstädte. Danach wird das Einkaufszentrum geschlossen, damit alle Menschen in die Kölner Innenstadt fahren. Und das jetzt bereits extreme Verkehrsaufkommen dürfte sich verneuneinhalbfachen.

Und nun zum Sport

Kommen wir zur unwichtigsten Hauptsache der Welt. In Deutschland ist Sport ja im Grunde nur ein Synonym für »Fußball« (außer sonntags, da ist es ein Synonym für »80mal ganz schnell im Kreis fahren unter Mißachtung sämtlicher Verkehrs- und Anstandsregeln«). Um Ihnen die sportliche Situation Kölns zu vergegenwärtigen, beschäftigt sich dieses Kapitel deshalb fast nur mit den beiden Fußballclubs 1. FC Köln und Fortuna Köln. Köln hat einen Verein in der 1. Liga und einen in der Regionalliga. Im Schnitt bedeutet das also: Köln ist zweitklassig.

Wir beginnen mit dem 1. FC, dem bundesweit etwas bedeutsameren Verein. Schließlich ist der 1. FC Köln nun wieder das, was er immer war, seit Pierre Littbarski und Christoph Daum weg sind: Der beliebteste Aufbaugegner der Bundesliga! Kleiner Scherz am Rande. Nein, ganz zweifellos ist der Club der *eetze Klub am Rhing* (erster Club am Rhein), wie sich ein Journalist von »20 Minuten Köln« nach dem Aufstieg ausdrückte. Währenddessen sind die armen kleinen Bubis in Leverkusen (oder wie wir sagen »Mülheim-Nord«) dazu verdammt, in der Champions League ihr karges Dasein zu fristen. Wieso der Journalist nur ein paar Sätze später Köln als »Hauptstadt der Realitätsverweigerung« bezeichnete, ist uns jedenfalls ein Rätsel.

Der Reihe nach. Beim Effzeh Kölle ist in den vergangenen Jahren viel passiert. Das Elend mit dem 1. FC Köln in der 2. Liga nahm so seinen Lauf, und das war alles, alles, alles nur die Schuld vom Trainer! Alle wußten, Schuster bringt es nicht, aber keiner wollte das so sagen, weil er ein Kölner Volksheld ist (beziehungsweise war), man nimmt ja Rücksicht. Genau wie bei Toni Schumacher, der als alter FC-Profi eine Weile Fortuna Köln zu trainieren vorgab. Bei den Personalentscheidungen beider Vereine ging es lange Zeit weniger um Kompetenz, als um Heimatverbundenheit – ja, zu solchen Gefühlsregungen ist man in dieser Stadt auch im harten Fußballgeschäft noch imstande, ist das nicht schön? Sogar wenn Ottmar Hitzfeld oder Franz Beckenbauer gekommen wären und gesagt hätten: »Ich trainier den Club für fünfhundert Mark die Woche, macht mir doch Spaß!«, hätten die Vereinsbosse nur gesagt: »Nö, wir wollen lieber 'ne *Kölsche Jung* als Trainer.« Da ist es nur konsequent, wenn bei jeder öffentlichen Trainer-Demontage immer wieder auch Pierre Littbarski ins Spiel kommt. Klar, der hat noch nie einen richtigen Verein trainiert, aber Freunde, wen juckt's? Viele glauben sogar: Wenn der alte Mann nicht im Herbst 1999 gestorben wäre, hätte nach der Entlassung von Toni Schumacher bei Fortuna wahrscheinlich Willy Millowitsch das Training übernommen. Der hätte dann nach der 0:9-Niederlage gegen Oberhausen bei der Pressekonferenz »Wir sind alle kleine Sünderlein« gesungen, alle hätten applaudiert und niemand hätte gewagt, auch nur eine negative Silbe zu sagen.

Nun ja, jedenfalls war irgendwann Ende der Fahnenstange für Schuster, und man holte den Imi Ewald Lienen als Trainer. Das war zunächst einmal ganz furchtbar, denn dieser Mensch war ein Imi reinsten Wassers, vermutlich der zweitunkölscheste Mensch der Welt, direkt nach dem Dalai Lama: Nicht nur als »Öko-Sozialist« für die »Friedensliste« engagiert, war der Ostwestfale auch noch ein vegetarischer Trennkost-Liebhaber, der kein Bier trank, nicht rauchte und noch nicht einmal zugeben wollte, daß Köln die beste Stadt der Welt ist – es war einfach unglaublich! So einer gilt in Köln im Prinzip als anstaltsreif. Es schien klar, daß Lienen in Köln unmöglich eine Chance haben konnte. Aber die Geschichte von Ewald Lienen ist vermutlich seit dem Einzug der Franzosen das eindrucksvollste Beispiel für die Unverzichtbarkeit der Imis für diese Stadt.

In Köln ist man sich mittlerweile einig, worin der tatsächlich historische, epochale, pyramideske, mit nichts vergleichbare, revolutionäre und geradezu avantgardistische Verdienst von Ewald Lienen zu sehen ist. Der Kölner Stadt-Anzeiger schrieb: »Mit Demut und Bescheidenheit, die er auch bei seinen Spielern einfordert, hat er die Herzen der FC-Fans erobert.« Demut und Bescheidenheit – das war alles? Das ist Lienens großartiger Verdienst?

Jawollo.

Lienen kaufte zwar mit viel Gespür genau die richtigen Spieler ein, natürlich alles Imis, und erwies sich als akribischer Taktiker. Aber ausschlaggebend war das nicht. Das eigentliche Problem beim Effzeh war nämlich dies: Im Laufe der Jahrzehnte hatte sich eine gewisse durchaus nicht unterschwellige Einstellung bei Spielern, Fans und Managern eingeschlichen, die vielerorts gehässigerweise als »professioneller Selbstbetrug«, »dämliche Arroganz« und »selbstverliebte Augenwischerei« bezeichnet wurde, gepaart mit allgegenwärtigem »Neid« und »Mißgunst«. Unverschämtheit, was?

Na gut, ein bißchen was war da schon dran. Sogar im ersten Jahr des Abstiegs war man der Meinung, der Niedergang sei nur eine Art Betriebsunfall gewesen, und der 1. FC Köln gehöre doch ganz automatisch in die 1. Liga. Das hat Karlsruhe womöglich auch gedacht. Aus diesem »Parallel-Universum« (Kölner Stadt-Anzeiger) hat Lienen die Fans und den FC rausgebeamt – eine Herkulesarbeit. Es kann kein Zweifel bestehen: Wenn Ewald Lienen nicht gekommen wäre, stünde der 1. FC Köln jetzt ungefähr auf Platz elf der Regionalliga Süd. Elf ist nämlich die Glückszahl von Köln.

So war der Aufstieg vom FC am Ende kurioserweise eigentlich eine *Niederlage* für die Kölner und ein Sieg des Imis über Köln. Dies hielt den Express freilich nicht davon ab, Lienen als einen »kölschen Held« zu bezeichnen, was von der Realität ungefähr so weit entfernt ist wie FC-Manager Hannes Linßen vom Gewinn eines Schönheitswettbewerbs. Der »Kölner Morgen« freute sich bei der »Meisterfeier« über den Kölsch-trinkenden Ewald Lienen: »Lienen wird noch eine echte Kölner.« Im Interesse des Vereins kann man nur sagen: Oh Gott, hoffentlich nicht.

In der Schlußphase der Saison 2000 passierte übrigens etwas Unverzeihliches: Bayer Leverkusen, dieser Werksverein aus der rheinischen Diaspora, die bei der Bodenreform keiner haben wollte, dieses gerade mal siebzig Jahre alte Kuhdorf, das nach einem Apotheker benannt wurde, wagte doch glatt, dem FC Kaiserslautern den Spieler Pascal Ojigwe abzukaufen! Mann, waren die Kölner sauer.

Hmm? Ach so, natürlich, 'tschuldigung: Der Mann spielte zu diesem Zeitpunkt leihweise beim 1. FC Köln. Und die wollten den auch gerne verpflichten. Aber dann kamen einfach die »Herren von der anderen Rheinseite« (FC-Manager Hannes Linßen) und machten Ojigwe schöne Augen – vermutlich nur, um »unserem Club Schaden zuzufügen« (Hannes Linßen). Das war natürlich eine »gezielte Störaktion« (Hannes Linßen), um in der Endphase der »Meisterschaft« (Hannes Linßen) ein »Störfeuer zu entfachen« (Hannes Linßen). Das mag Ihnen jetzt total absurd und hoffnungslos bescheuert vorkommen, daß die Kölner tatsächlich glauben, Bayer Leverkusen gäbe mehrere Millionen Mark aus, nur um den FC zu ärgern. Aber verwechseln Sie das nicht mit der angeblichen »verblödeten Selbstüberschätzung« der Kölner! Die Leverkusener sind zu so was imstande, das sind ganz abgefeimte Schurken! Die sind ja nicht einmal Linksrheiner! Sicher – die »Meisterschaft« (Hannes Linßen) der 2. Liga war zu diesem Zeitpunkt bereits entschieden, der Aufstieg Kölns nur noch Formsache, der Zeitpunkt insofern also überhaupt nicht problematisch, zumal Ojigwe den Rest der Saison in Köln zuende spielen durfte, und sicher – das alles mag sowieso ein ganz normaler Vorgang sein, wie ihn zum Beispiel der FC Bayern seit Jahrzehnten praktiziert. Und auch der FC selber hat praktisch zeitgleich dem Nachbarclub Fortuna Köln einen wichtigen Spieler abgekauft, woraufhin Fortuna abstieg. Na und?

Darum geht es doch gar nicht. In Wirklichkeit nehmen die Kölner den Leverkusenern etwas ganz anderes übel: Nicht, daß sie wertvolle Spieler wegkaufen, sondern, daß sie dafür das *Geld* haben! Das kleine Leverkusen »von der anderen Rheinseite« (Hannes

Linßen) ist nämlich um ein vielfaches erfolgreicher als das große Köln. Nach Meinung der Kölner kann das nur am Geld von Bayer liegen. Daß sportliches und kaufmännisches Versagen der Kölner der Grund sein könnte, ist ein Gedanke, den man in Köln nicht an sich ran läßt. Der Erfolg Leverkusens ist in Wirklichkeit im intelligenten Management und natürlich pikanterweise bei Trainer Christoph Daum zu finden, den die Kölner 1990 für nicht gut genug für ihren Verein befunden hatten. Und mit dem wurde Leverkusen dann ein europäischer Spitzenclub! Eine Unverschämtheit von den »Überschlauen der anderen Rheinseite« (Hannes Linßen). Hier ging es doch nur um Geld, »und das hat Bayer zur Genüge« (Hannes Linßen), und die rechtsrheinischen Untermenschen genieren sich gar nicht, nicht nur mehr Geld zu *haben*, sondern den Spielern auch mehr Geld zu *bieten*! Vor allem dieser Vorwurf dürfte gesessen haben. Leverkusens Manager Calmund – »ein Prolet« (Hannes Linßen) – soll sich schämen.

*»Hannes Linßen – Genie
oder Kinderschreck?«*

Foto: Rainer Dahmen

Der Manager des 1. FC Köln (ein Mann namens Hannes Linßen) bedauerte den Nigerianer Ojigwe: »Nun bekommt er wahrscheinlich von Bayer so viel Geld, daß er ganze Regionen in seiner Heimat mit Wasser versorgen oder sämtliche Straßen asphaltieren kann.« Linßen war offenbar sehr enttäuscht, daß er das nicht hatte verhindern können. Kölner Fans sahen es freilich ganz anders und beschimpften Ojigwe als »Schwein«. Obwohl, wir wollen fair sein: Bestimmte Fans beschimpfen grundsätzlich jeden Schwarzen als Schwein. Das soll er mal nicht so persönlich nehmen.

Zur Strafe für den Frevel der Leverkusener am Kölner Fußball wurde vorgeschlagen, die Nachbarstadt einfach einzugemeinden, die Bayer-Mannschaft zu übernehmen und Manager Calmund – »ein unehrlicher Mensch« (Hannes Linßen) – rauszuschmeißen. Der Kölner Rat entschied sich mit einer Stimme Mehrheit dagegen. Die blöden Grünen mal wieder. Der Oberbürgermeister-Darsteller Fritz Schramma hatte schon recht, als er nach der entgangenen Meisterschaft Leverkusens fröhlich spottete: »Es ist allemal besser, Erster in der 2. Liga zu sein als Zweiter in der 1. Liga zu werden.« Na ja, okay. Bei näherer Betrachtung ist das natürlich hirnrissiger Schwachsinn. Aber das fiel den FC-Fans gar nicht auf.

Treffen sich drei Fans von Fortuna Köln, 1. FC Köln und Bayer Leverkusen. Sagt der Fortuna-Fan: »Ich glaube, wir steigen diese Saison auf.« Sagt der Bayer-Fan: »Ich glaube, wir werden diese Saison Deutscher Meister.« Sagt der FC-Fan: »Na und? Wir schaffen in dieser Saison beides!«

Hier lacht der Imi

»Nie mehr 2. Liga« kam der Ruf aus Köln im Mai 2000. Lustigerweise bezog sich das zeitgleich nicht nur auf den frisch aufgestiegenen 1. FC Köln, sondern auch auf die Fortuna, die wohl länger als der FC brauchen wird, um die 2. Bundesliga wiederzusehen. Die folgenden Zeilen befassen sich mit dem Fußballverein Fortuna Köln, und sie sind nichts für schwache Nerven.

Mit der Fortuna ist es so lustig, daß es fast schon wieder traurig ist. Aber nur fast. Lange Zeit war es eher langweilig mit Fortuna Köln. Das war nämlich der einzige Verein in der 2. Liga, der überhaupt nicht aufsteigen *wollte*. Dann wurde man eines Tages vermessen, entwickelte sportlichen Ehrgeiz – und das Ergebnis können Sie jetzt einmal die Woche in der Regionalliga Süd bewundern. Respektive in der Oberliga, es kommt drauf an, wann Sie dieses Buch lesen.

Die Fußballsaison 1999/2000 war die Schicksals-Saison für Fortuna. Am sechzehnten Spieltag hatte der Verein gerade mal fünfzehn Punkte geholt und stand auf einem Abstiegsplatz. Logische Folge: Der Trainer wurde gefeuert. Was in so einer Situation Routine ist, geriet in Köln zu einem Skandal: Trainer Toni Schumacher wurde nicht in der Vorbereitung für das nächste Spiel entlassen, auch nicht direkt nach dem Spiel oder einen Tag später. Nein, Präsident Löring feuerte seinen Trainer in der Halbzeitpause.

Tja, da sind Sie platt. Wir waren es auch, so wie der Rest des Landes. Da soll noch mal jemand behaupten, El Presidente sträube sich gegen Innovationen. Von wegen! So was hat noch keiner gemacht, womöglich auf der ganzen Welt noch nie! »Ich bin einmalig«, erklärte Löring sein Verhalten am Abend stolz. Nur zwei Tage vorher hatte er gesagt, er wolle das Idol Schumacher »nicht schlachten, wenn es irgendwie geht«. Geschlachtet hat er ihn auch nicht, das ist das falsche Wort. Die Formulierung »öffentlich gedemütigt, gefoltert und kastriert« trifft es wohl eher. Und *dann* hat er ihn geschlachtet. Die Begründung, die Löring lieferte, war denn auch einleuchtend: Schumacher sei »mit Überheblichkeit, Arroganz und Sturheit bestimmte Dinge angegangen« – und so was kann Löring auf den Tod nicht leiden, das sei »vereinsschädigend«. Ganz im Gegensatz zu seinem eigenen Verhalten, welches durch Umsicht, Bescheidenheit und Kompromißbereitschaft gekennzeichnet ist. Es sei denn, er hat irgendwie schlechte Laune. Es gab dann auch verletzende Kommentare von rücksichtslosen Außenstehenden, die meinten, ihren Senf dazugeben zu müssen. Der Kölner Stadt-Anzeiger bezeichnete diese »Amok-Aktion« als »private Laune eines allmächtigen Präsidenten bei der Beschäftigung mit seinem eigenen kleinen Spielzeug«. Dirk Lottner vom 1. FC Köln meinte: »Ich kann nicht verstehen, daß man so charakterlos sein kann.« Und Bayer-Trainer Daum jammerte: »Eine absolut stillose Aktion, nach der dürfte nun kein Trainer mehr zu diesem Verein gehen.« Irrtum, Herr Daum. Man fand einen, wenn auch nicht mehr in Deutschland. Jean Löring meinte goldrichtig, man müsse »einen haben, der die Liga genau kennt« – aber eben die legten wohl sofort beim ersten Anruf den Hörer auf –, und so holte Löring den Österreicher Hans Krankl, der bis dahin noch nie in dieser Liga gearbeitet hatte.

Aber Imis sind natürlich auch nicht die Wunderwaffe für jedes Problem. Sogar für uns gibt es Grenzen. Den Verlauf der kurzen Trainerzeit von Hans Krankl kann man vielleicht am besten zusammenfassen, indem man ihn einfach in kurzen Abständen zitiert.

Freitag, 7. Januar: »Die Mannschaft ist gut genug, sie braucht mit Sicherheit nicht abzusteigen.«

Mittwoch, 26. Januar: »Wenn diese Mannschaft absteigen würde, wäre das eine Schande. Wenn sie aber absteigt, steigt sie nicht wegen mir ab. Das wurde vorher verbockt.«

Montag, 20. März: »Diese Stadt will diesen Verein nicht mehr.«

Montag, 27. März: »Daß ein Fußballklub keine Fans hat, das kenne ich nicht.«

Donnerstag, 6. April: »Ein Punkt ist seit fünf Wochen schon zu wenig.«

Montag, 24. April: »Das Drumherum hier ist für'n Arsch.«

Montag, 8. Mai: »Ich kann denen nicht mehr helfen.«

Und am 8. Mai, an dem Tag, an dem der 1. FC Köln endgültig aufgestiegen war, nahm Krankl seinen Hut. Besonders der »fehlende Heimvorteil« hatte ihn erschüttert: »Es gibt keinen Klub auf der Welt, der auf so wenig Gegenliebe stößt wie Fortuna.« Auch im Südstadion waren stets mehr Fans von den Gegnern da. Nun war der Abstieg besiegelt, und Fortuna hatte sich nicht als das Sprungbrett für den deutschen Fußball entpuppt, das der Mann für sich in dem Verein gesehen hatte. Krankls Assistent Kovacic wurde dann Cheftrainer und holte noch drei Siege in vier Spielen, woraufhin er folgerichtig gefeuert wurde. Solche Streber mag man bei der Fortuna nicht.

Die Beteiligten sind sich über die Ursache des Fortuna-Niedergangs einig: Toni Schumacher! Der war an allem schuld, der *Tünn*, dieser *Tünnes*. Der habe »wahllos Spieler gekauft und nicht drauf geachtet, ob sie zusammen passen«, so Vize-Präsident Büker. Wobei man fairerweise zugeben muß, daß Vereinsboss Löring jeden Vertrag abgesegnet hat.

Einige wenige ahnungslose Wichtigtuer meinten sowieso, die Ursache woanders gefunden zu haben:

Der »Spiegel« brachte im März 2000 einen Artikel mit dem Titel »Das Ende der Patriarchen«, in dem nicht nur über den Präsidenten von Borussia Dortmund hergezogen wurde, sondern auch über Fortunas Präsidenten Löring: »Widerspruch sind die Autokraten des Profifußballs nicht gewohnt.« Ja, woher auch? Löring vergißt nie zu sagen, daß er seit 1966 außer Zustimmung nur »zwei Enthaltungen« bei Vorstandswahlen kassiert hat. Wobei es der »Spiegel« unsachlicherweise für nötig hielt, darauf hinzuweisen, daß Löring zwischen 1986 und 1996 gar keine Mitgliederversammlungen einberufen hatte. Na und? So was ist doch nur Geldverschwendung.

Jean Lörings Spitzname ist »Schäng«, was zunächst einmal nur die kölsche Verdialektierung seines Vornamens ist. *Schänge* ist aber auch das kölsche Wort für »jemanden schmähen, beschimpfen«. Und er machte seinem Namen alle Ehre. Siebenundzwanzig Trainer hat *Schäng* Löring in seiner Zeit als Präsident gehen lassen, »um Schaden von *meinem* Club abzuwenden«. Er erteilt kritischen Journalisten gerne Hausverbot, und wenn er den Mann dann doch bei der Pressekonferenz sieht, geht er grummelnd davon.

Auch während der Amtszeit von Toni Schumacher verlängerte er Verträge von Spielern, mit denen der Trainer gar nicht mehr plante, mit der Begründung, dieser Spieler habe doch »so eine nette Familie«. Und diesem sympathischen Mann werfen nun einige Leute vor, er habe den Untergang seines, seines, seines »*Vereincher*« selber verschuldet durch einen »nie dagewesenen Macht-Trip, gepaart mit unbelehrbarer Reformunfähigkeit, Inkompetenz und Unprofessionalität, die ans Schwachsinnige grenzt«. Daß Fortuna sogar fast in die Amateurliga absteigen mußte, weil anfangs nicht einmal die wirtschaftlichen Voraussetzungen für die Regionalliga erfüllt werden konnten, war natürlich Wasser auf die Mühlen der Ketzer. Und der Kölner Stadt-Anzeiger giftete hinterher, Fortuna Köln sei im Amateurlager gut aufgehoben, denn »dieser Verein hat sich seit Jahren professionellen Strukturen verweigert.«

So unhöflich gehen manche Leute mit einem armen alten Mann um, der doch nichts weiter vom Leben verlangt, als ein netter Vereinspatron in der 2. Liga zu sein, die »Seele« des Fußballs zu retten und ab und zu Trainer in der Halbzeit zu feuern. Ist das etwa zuviel verlangt?

Anscheinend.

Tip für Imis!

Welche Fußballvereine empfehlen die Analysten der DFB-Bank dem fußballbegeisterten Imi?

Das Leben als Fan des 1. FC Köln ist hart und entbehrungsreich, ungefähr vergleichbar mit dem Dasein als Wüsteneremit oder Einwohner von Cottbus. Und da die selbstzerstörerische Arroganz und Realitätsferne des FC schon beim Rathausempfang nach der Saison wieder voll zum Ausbruch kam (»Das nächste Mal bringen wir einen Pokal mit«), ist ein baldiger Wiederabstieg äußerst wahrscheinlich. Verkaufen.

Fan von Fortuna Köln zu sein hat einen gewissen kultigen Trash-Faktor, der auf bestimmte Leute tatsächlich einen Reiz ausübt, aber auf Dauer eben nur frustriert (so ähnlich wie bei Big Brother). Schlimmer kann es allerdings kaum noch kommen. Halten.

Als Fußballliebhaber empfehlen wir Ihnen eher den Nachbarverein Bayer Leverkusen, der seit Jahren auf internationalem Niveau spielt, ansehnlich und effektiv, und das auch in Zukunft tun wird. Zumindest Rechtsrheinern liegt die Arbeiterstadt Leverkusen nicht nur geographisch, sondern auch mental viel näher als das linksrheinische Köln. Außerdem hat das Leverkusener Stadion eine anhängige McDonald's-Filiale, die von Henry Maske betrieben wird. Allein dieses kauzige Detail halten wir für ein nahezu unschlagbares Argument. Kaufen.

Diese Kaufempfehlung wird sofort in eine Verkaufsempfehlung umgewandelt, sollte Berti Vogts der zukünftige Trainer von Leverkusen werden.

Es gibt für Fußballfeinde übrigens eine Alternative in Köln: Der Eishockey-Club Kölner Haie verzeichnet Rekord-Zuschauerzahlen und wurde in der Saison 2000 Vizemeister. Das ist ein beeindruckendes Beispiel für die normative Kraft des Faktischen, und der Zeitpunkt war gut gewählt.

Die beiden Fußballmannschaften der Stadt hingen in den Seilen, und die Kölner sehnten sich nach sportlicher Reputation. Und als nun die Spiele des KEC in die große Kölnarena verlegt wurden, entwickelte sich rasch ein enormes Publikum – eigentlich nur, um die Stadt nicht mit einer leeren Halle zu blamieren. Das wäre vielleicht die Lösung für Fortuna: Einfach noch zweihunderttausend Plätze reinbauen, dann kommen die Zuschauer von ganz alleine, schon aus Anstand.

Wie lange die Eishockey-Entgeisterung der Kölner anhält, ist schwer zu sagen. Seit der 1. FC Köln wieder erstklassig ist, werden sich die Prioritäten der Kölner wohl wieder verschieben, und man wird lieber den Fußballern beim Verlieren zusehen als den Haien beim Gewinnen. Das ist so ähnlich wie bei Anna Kurnikowa und Lindsay Davenport.

Tip für Imis!

Die Kölner Haie werden in dieser und auch in den nächsten Saisons zu den Meisterschaftsfavoriten gehören, was man vom 1. FC Köln wohl nicht behaupten kann. Wenn Sie also gerne am Erfolg anderer Menschen partizipieren wollen, werden Sie in Köln Eishockey-Fan. Da können Sie sich wie der Größte vorkommen, während Sie bequem in der Kölnarena sitzen und Bockwürste fressen.

Falls Sie selber aktiv Sport treiben wollen, bietet sich in Köln eine ganz besondere Disziplin an, die sich geradezu lawinenartig ausbreitet. Der Sport heißt »Schiedsrichter-Kloppen«. Die Regeln sind einfach: Während oder direkt nach einem Amateur-Fußballspiel stürmen Sie auf den Schiedsrichter zu und versuchen, sein Gehirn aus seinem Schädel herauszuprügeln. Hilfsmittel sind nicht erlaubt, nur die bloßen Hände. Allerdings dürfen Sie sich ein paar Freunde zur Unterstützung mitnehmen – Schiedsrichter-Kloppen macht im Pulk am meisten Spaß. Besonders Jugendliche haben viel Freude daran, sie können nicht belangt werden – obwohl der Sport zumindest bei Drucklegung dieses Buchs offiziell noch verboten ist.

Leider gibt es ein paar Spielverderber beim Fußball-Kreis Köln, die diesen schönen Sport unterbinden wollen – vermutlich bloß, damit dem Fußball keine Fans abhanden kommen. Im April ließ man als Warnung sämtliche Amateurspiele ab Kreisliga A ausfallen, insgesamt vierhundertfünfzig Spiele. Das war strategisch aber ein Fehler: Durch diese Aktion, die hohe Wellen schlug, wurden viele Leute wohl überhaupt erst auf die *Idee* gebracht, Schiedsrichter zusammenzuschlagen, statt sie nur zu beschimpfen. Unverantwortlich, wie wir finden. Sogar Spieler prügeln sich jetzt gegenseitig auf dem Spielfeld krankenhausreif. Als nächstes schreibt noch jemand darüber in einem Buch, dann sind die Schieris endgültig zum Abschuß freigegeben. Daß die Leute nie über das nachdenken, was sie tun!

Nichts als Müll

Die Kölner bleiben Kölner, die lassen sich grundsätzlich nicht verbiegen. Von den eingangs erwähnten Bemühungen der französischen Besatzer zum Beispiel, die Kölner von der sorglosen Verschmutzung ihrer schönen Stadt abzuhalten, ist heute nicht mehr viel übriggeblieben. Vermutlich sind Sie es von Ihrem bisherigen Wohnort gewöhnt, Müll nicht einfach auf die Straße, im Park nicht auf die Wiese oder in der Straßenbahn nicht auf die Sitzflächen zu werfen. Hier in Köln müssen Sie sich das aber schleunigst angewöhnen, um als echter Einheimischer zu gelten, auch wenn es Ihnen wie jedem Neuankömmling schwer fällt. Sie kennen vielleicht das Lied »Kölner sind Schweine«. Da steckt viel Wahres drin. Das Bürgerzentrum Chorweiler schätzt zum Beispiel, daß jeder fünfte Badegast im Fühlinger Badesee auch seine Notdurft verrichtet. Einmal drohte der See schon wegen zu hohen Aufkommens an Fäkalbakterien umzukippen und wurde wochenlang für Badegäste gesperrt. Laut Badegewässerkarte von NRW verdienen die drei großen Badeseen Kölns trotzdem jeweils ein stolzes »Befriedigend«. Wenn Sie also schwimmen gehen und Sie einen gewissen Druck verspüren – tun Sie sich keinen Zwang an!

»Eigentlich müßte die KVB an den Kölner Müllgebühren partizipieren«

Wenn Sie eine Straßenbahn betreten, ist nicht die Frage, *ob* irgendwo leere Bierflaschen oder -dosen herumliegen, sondern nur *wo*. Hundescheiße ist auf Kölner Gehwegen ein sine qua non – der weitgereiste Peter O. Chotjewitz meinte, er habe nirgends »eine Zivilisation erlebt, die so ungeniert ihre Stadt vollscheißt«. Die Kölner Parks wären nicht vollständig ohne Geröllawinen aus Abfall, Bierkästen, vollen Windeln und zerbrochenen Flaschen. Versuchsweise aufgestellte Müllcontainer waren schnell voll – aber nicht nur mit Campingmüll, sondern auch mit Bauschutt und Autobatterien.

Trotzdem sind die Kölner der Meinung: Schuld am Müll sind niemals diejenigen, die ihn verursachen! So braucht es auch niemanden zu verwundern, daß im Oktober '99 der Chef der Abfallwirtschaftsbetriebe (AWB) aus einer Bierlaune heraus vorschlug, die Hersteller von Kaugummis dafür haftbar zu machen, daß die Kölner ihre Kaugummis auf die Straßen spucken. Die sind nämlich verantwortungsloserweise sehr schwer zu entfernen, was ja wohl kaum die Schuld der Menschen sein kann, die die klebrigen Batzen in die Gassen pratzen. Eine weitere Klage soll angeblich gegen

Schuhhersteller vorbereitet werden, weil durch griffige Schuhprofile zuviel Schmutz durch die Straßen getragen wird. Lachen Sie nicht – diese Denkweise ist für Köln durchaus nicht untypisch.

Die Kölner sind Rekord-Müllproduzenten. Der Express wies unter anderem nach, daß die Kölner umgerechnet fünfzig Prozent mehr Abfall verursachen als die Menschen in Essen. Hier ist auch bei aller Liebe eine etwas kuriose Schizophrenie erkennbar: Es kann keinen Zweifel an der Liebe des Kölners zu seiner Stadt bestehen – und dennoch saut er sie unentwegt voll. Um sich beim Anblick von den Müllbergen über die angebliche Faulheit der Müllbeseitiger auszulassen. Aber den Müllmännern kann man unserer Ansicht nach nichts vorwerfen. Die arbeiten hart. Kein Wunder, das sind zum größten Teil Imis. Heinrich Böll schrieb bereits 1969 von den »Containern für Wohlstandsmüll, der von fröhlichen Ausländern abgeholt wird. Es sind Italiener, Türken, Griechen, Marokkaner, die umsichtig und würdig die Straße von dem großen Alptraum einer ständig wachsenden Müllawine befreien. Was wären wir ohne sie? Verloren.« Wohl war, und dabei dürfte sich der Müll in dreißig Jahren schätzungsweise versiebenundneunzigfacht haben. Wir brauchen wirklich ein Einwanderungsgesetz – wenn nicht für IT-Spezialisten, dann für Müllwerker.

Die Verpackungsmüll-Sammelquoten liegen in Köln lediglich im Mittelfeld. »Grüner Punkt«-Müll wird auch nicht abgeholt, sondern muß zu den Sammelcontainern gebracht werden – ein Ort, an dem unerfreuliche Dinge geschehen. Auch fürs Müllsortieren sind sich die Bürger dieser Stadt wohl »zu fein«, wie der Express nachwies, denn jeder einzelne Kölner wirft fast doppelt soviel Müll in die Hausmüll-Tonne wie zum Beispiel ein Aachener. Und die meisten Kölner scheinen nicht verstanden zu haben, daß die Idee darin besteht, den jeweiligen Müll sauber getrennt, *in* die Container zu werfen – und nicht *daneben*. Vermutlich herrscht die Meinung vor, das mache keinen Unterschied. Es macht aber einen, denn für diese Fälle sind extra teure Not-Serviceteams erforderlich, insgesamt neunzehn an der Zahl, was die Müllgebühren auch nicht gerade zu verringern hilft. Abfall-Entsorger Trienekens stellte fest: »Zwei Drittel dessen, was drumrum angelagert wird, würde noch in die Behälter passen.« Na ja, es ist ja wohl schon

Entgegenkommen genug, den Müll zu den Containern zu bringen, aber ihn auch noch reinzustopfen – bezahlen wir dafür etwa Gebühren? So und nicht anders müssen Sie argumentieren, wenn Sie sich als echter Kölner profilieren wollen.

Es gibt sogar einen Beschluß, ein Holsystem einzuführen, aber der liegt erst ein paar Jahre zurück, und in Köln geht man die Dinge nicht überstürzt an. Außerdem würde das natürlich auch noch einmal Geld kosten, und dabei müssen manche Kölner bereits jetzt eine zusätzliche Hypothek aufs Haus aufnehmen, um die bestehenden Müllgebühren zu bezahlen, die seit Jahren einsam an der Spitze aller Städte in NRW stehen. Allerdings war im Juni 2000 Schluß mit lustig. Das Oberverwaltungsgericht Münster entschied nach einer Klage endgültig, daß die Kölner Müllgebühren jahrelang viel zu hoch waren, und so muß jetzt eine dreistellige Millionensumme an die Kölner zurückgezahlt werden. Man hatte außerdem die Müllgebühren benutzt, um gleich ein paar Finanzierungslücken zu stopfen. Das eigentliche Urteil war bereits 1998 gefällt worden, aber anscheinend interessierte das niemand, weswegen die Kölner Finanzjongleure nun mit einem mondkratertiefen Haushaltsloch dastehen. Haus-und-Grund-Chef Schaefer war dagegen gar nicht überrascht, das Urteil sei »nur die konsequente Anwendung geltender Gesetze«. Gerade deshalb war es für die Stadt aber eben eine sehr große Überraschung. Das ist man in Köln so nicht gewohnt.

Die Müllgebühren sind unter anderem deshalb so hoch, weil man eine total coole, abgefahrene Müllverbrennungsanlage in Niehl aufgestellt hat. Und die nimmt nicht einfach so jeden Müll an – da muß man für seinen Müll extra Eintritt bezahlen, ist doch wohl klar. Für 2000 wurden die Müllgebühren gleich noch mal um locker-flockige zwölf Prozent angehoben (weswegen wir uns wohl schon auf die nächste Klage freuen dürfen), übrigens zeitgleich mit Gebührenerhöhungen für Straßenreinigung, Schwimmbäder, die Volkshochschule und für Urnenbestattungen. Man hat nämlich festgestellt, daß immer mehr Kölner ihre Ahnen in Urnen verbuddeln, und daran will man natürlich mitverdienen. Die neue Ratsmehrheit aus CDU und FDP hat sich offensichtlich viel vorgenommen – Applaus!

Tip für Imis!

Achten Sie bei der Wohnungswahl auf die Nebenkosten. Allein die Müllgebühren schrauben diese in beachtliche Höhen. Sehr viele Makler und Wohnungsbesitzer geben gerne nur noch die Kaltmiete an, um den Schock zu mindern.

Wenn Sie aber die Stadt wie ein echter Profi versauen wollen, bieten sich die immer beliebter werdenden »wilden Müllkippen« an, die hauptsächlich von kleinen und mittleren Firmen zu verantworten sind: Große Haufen von leeren Kartons und weiterem Verpackungsmüll türmen sich nicht nur an den Sammelcontainern, sondern einfach so auf der Straße.

Auch Sperrmüll wird gern auf diese Weise entsorgt: Ein »Kehrmännchen« berichtete leicht angesäuert, er und seine Kollegen hätten direkt vorm Kölner Dom ein altes Sofa wegräumen müssen; da sei selbst er »vom Glauben abgefallen«.

Aber wenn jemand erwischt wird, kriegt er erst mal einen Anhörungsbogen geschenkt, kann Stellung nehmen, später Widerspruch einlegen, auf Unzurechnungsfähigkeit respektive Verhandlungsunfähigkeit plädieren, ein Attest vorlegen, nach dem er einem inneren Zwang unterliegt, Fernseherverpackungen auf Parkplätzen abzulegen, sich für zahlungsunfähig erklären usw., bis der ganze Quatsch wegen Geringfügigkeit eingestellt wird.

Der Papierkrieg

Als intelligenter Mensch von Welt werden Sie natürlich eine Tageszeitung lesen wollen. Deshalb nun ein Überblick über die Kölner Zeitungsszene.

Bis vor kurzem gab es in Köln im wesentlichen vier Zeitungen. Da wäre zunächst natürlich, wie in jeder Stadt Deutschlands, die wackere Bild-Zeitung des Springer-Verlags. Anders als in Restdeutschland ist sie aber nicht Marktführer. Mehr als doppelt so viele Leser hat der Kölner Express, eine Art kölsche Variante der Bild: Weniger aggressiv und rechtslastig, dafür gemütlicher und menschlicher, allerdings nicht ganz so intellektuell, dafür durchaus engagiert und manchmal sogar mutiger als der Kölner Stadt-Anzeiger, der genau wie der Express dem DuMont-Verlag gehört. Das mag Ihnen jetzt etwas komisch erscheinen, daß die beiden größten Zeitungen der Stadt ein und demselben Verlag gehören. Aber das ist im Grunde gar nicht so wichtig, denn dann gibt es da ja immer noch die »Kölnische Rundschau«, und die gehört *ebenfalls* DuMont.

Na ja, doch seltsam, muß man zugeben. DuMont gehört obendrein übrigens auch noch das Stadt-Magazin Kölner Illustrierte und ist quasi Besitzer von Radio Köln. Skeptiker werden nicht müde, diesen Zustand als »Meinungsmonopol« und »Gleichschaltung der Medien« anzuprangern, vergleichbar mit »Presse-Kontrolle wie im Iran«. Aber das ist so natürlich nicht ganz wahr.

Hier lacht der Imi

Was ist der Unterschied zwischen der Kölner Zeitungsszene und der gleichgeschalteten Presse im Iran?
Antwort: Im Iran gibt es keine nackten Frauen auf der Titelseite.

Die fundierteste Zeitung scheint der Stadt-Anzeiger zu sein, dessen Ruf allerdings seit der sogenannten »Tanzbrunnenaffäre« etwas angekratzt ist. Anscheinend wurden (angeblich nicht zum ersten Mal) ein paar übereifrige Journalisten zurückgepfiffen, weil deren Recherchen mit den Interessen des ansonsten hochsympathischen, liebenswerten, knuddeligen Verlegers Alfred Neven DuMont kollidierten. Citizen DuMont ist nämlich auch Präsident der Industrie- und Handelskammer, was seine Objektivität bei wirtschaftlichen Prozessen eventuell theoretisch ein kleines Fitzelbitzelchen total untergraben könnte. Absurd, gewiß. Vergessen Sie, daß wir das überhaupt erwähnt haben. Das »Kölner Volksblatt«, das diese Vorgänge angeprangert hat, ging inzwischen den Weg allen Fleisches, zusammen mit der Kölner Woche, die noch versucht hatte, das einzige linke Blatt der Stadt zu retten. Das haben die da davon, die Neunmalklugen!

Zurück zu den Lebenden, oder zumindest den Komatösen. Die Kölnische Rundschau ist nicht unbedingt für die junge, flippige Generation von heute konzipiert, um es vorsichtig auszudrücken. Eigentlich sieht jede Ausgabe so aus, als würde gleich auf der nächsten Seite über Adenauers nächste Kabinettsumbildung berichtet. So gesehen ist die Rundschau eine Attraktion, eine aussterbende Gattung, und von daher schützenswert. Kaufen Sie die Zeitung ab und zu. Sie müssen sie ja nicht unbedingt lesen.

Die »taz« bringt übrigens donnerstags einen Kölner Lokalteil heraus, angelockt durch den hohen Anteil an Grünen-Wählern in der Domstadt. Was die beiden Boulevard-Zeitungen angeht, so favorisieren wir eindeutig den Express: Zum einen, weil dort samstags auch mal ein nackter Mann auf der Titelseite gezeigt wird, was wir als vorbildliches Zeichen im Kampf gegen den Sexismus begreifen, zum anderen haben die abgebildeten Damen im Express nach empirischen Einschätzungen im Vergleich zu Bild deutlich größere Titten.

Wie dem auch sei: Seit Ende '99 gibt es in Köln gleich drei zusätzliche Zeitungen mehr, die sogar kostenlos abgegeben werden. Sie haben richtig gelesen: Tageszeitungen für umsonst in Köln! Und zwar hat der skandinavische Schibsted-Verlag eine Gazette namens »20 Minuten Köln« herausgebracht, welche an fast allen Straßen- und U-Bahnstationen der Stadt in Kästen ausgelegt wird. Als das Vorhaben von Schibsted bekannt wurde, war man in Köln zunächst einmal gar nicht erfreut. Hatte man doch nach vielen Jahren endlich ein sensibles Gleichgewicht auf dem Zeitungsmarkt hergestellt, und nun das! Der DuMont-Verlag, der bis dato rund siebzig Prozent aller in Köln gelesenen Zeitungen verkaufte, sah zu Recht sein Meinungsmonopol in Gefahr und verklagte den Schibsted-Verlag auf Unterlassung wegen grober Wettbewerbsverschärfung. DuMont war der originellen Meinung, kostenlose Zeitungen würden die Pressefreiheit bedrohen. Das hatte die durchtriebenen Kerlchen ein paar Monate zuvor allerdings nicht davon abgehalten, den Preis der Kölner Illustrierten von vier Mark auf zwei Mark zu senken. Und »Live«, die Light-Ausgabe der »Kölner«, wurde sogar gratis verteilt, anscheinend ohne die Pressefreiheit zu bedrohen. Die Vertreter der »Deutschen Journalisten Union« fanden dieses Argument total jeck. Dann müßte man ja auch das Privatfernsehen abschaffen. Und manch ein Schlumpf behauptete, daß die Marktdominanz von DuMont eine viel größere Bedrohung der Meinungsfreiheit darstelle. Aber da DuMont in Köln verwurzelt ist, kann man das wirklich nicht miteinander gleichsetzen. DuMont muß sich hier nicht an dieselben Regeln halten wie irgendwelche Imi-Firmen aus der Dritten Welt, in diesem Fall Norwegen. Soooo weltoffen ist man dann auch wieder nicht.

Schibsted hatte es nicht leicht. Nicht nur, daß sich der Gerichtsstreit anfangs zu Ungunsten der Skandinavier entwickelte, auch die Kölner Druckereien hatten Angst, daß wenn sie »20 Minuten Köln« drucken würden, ein Bannstrahl des DuMont-Verlages ihre Existenz auslöschen könnte. Aber irgendwann waren alle Probleme beseitigt, und der Wettbewerb konnte losgehen. Denn die beiden sympathischen Verlage Springer und DuMont entschlossen sich zu einer beispiellosen Verzweiflungstat: Sie wollten die Leser bestimmen lassen, welche Zeitung sie lesen wollten! Und so begab es sich dann im Jahre 2000 zu Cöllen, daß plötzlich nicht eine, nicht zwei, sondern gleich drei Gratiszeitungen in der Stadt bereitlagen. DuMont erfand den »Kölner Morgen« und Springer »Köln Extra«. Die verdutzten Kölner fanden's lustig und lasen mehr Zeitung als je zuvor. Besonders junge Leser wurden für das Medium begeistert. Köln ist aus mehreren Gründen der ideale Platz, um so einen Feldversuch durchzuspielen, aus einem Grund allerdings auch denkbar ungeeignet: Den Kölnern kostenlose Gegenstände in die Hand zu drücken, die nach einer halben Stunde Nutzung praktisch wertlos sind, ist ein Spiel mit dem Feuer, beziehungsweise mit den Müllgebühren. Denn die (wie schon erwähnt) nicht unbedingt sauberkeitsfanatischen Kölner haben kein Problem damit, die Zeitungen nach der Lektüre einfach auf die Straße zu schmeißen. »20 Minuten Köln« bemüht sich zwar, die Verschmutzung in Grenzen zu halten, das Blatt wurde (im Gegensatz zu »Köln Extra« und »Kölner Morgen«) geheftet, und man hat Leute eingestellt, die die schlimmsten Exzesse beseitigen. Aber das ist nicht wirklich effektiv. Alle anderen Gründe sprechen allerdings für Köln als Versuchsfeld: zum einen wegen der doch etwas merkwürdigen Marktsituation des Kölner Zeitungswesens, zum anderen aber auch, weil das Konzept, die Leser an den Bahn-Stationen zu ködern, durch den von der KVB doch eher ungezwungenen Umgang mit Pünktlichkeit aufgeht. Wartezeiten von fünfzehn bis zwanzig Minuten sind keine Seltenheit – zwanzig Minuten ist deshalb als Lesezeit ziemlich gut kalkuliert. In normalen Städten mit schnellen, pünktlichen Verbindungen hätte so eine Zeitung vielleicht Schwierigkeiten. Die KVB jedoch möchte den Vertrag, daß der Schibstedt-Verlag seine Zeitungskästen an den KVB-Stationen aufhängen darf, nicht über die ursprünglichen drei Jahre verlängern – aus Angst vor schlechter DuMont-Presse[2]. Ein wenig armselig, daß die Leute DuMont so eine gutsherrenartige Bekämpfung der Meinungsfreiheit zutrauen. Natürlich würde der Verlag seine Macht niemals so mißbrauchen. Obwohl eines komisch war: Als »Kölner Versager Betriebe« wurde das Unternehmen vom Express bezeichnet, als »20 Minuten Köln« zum ersten Mal erschien. Aber das war ganz bestimmt nur Zufall. Doch, bestimmt.

»Die Strichjungen von Köln haben auch nachgelassen«

---

2 Eigentlich ziemlich dumm, denn durch die Zeitung haben die Fahrgäste nun etwas, um die Wartezeiten bei den horrenden Verspätungen zu überbrücken, was den Frust senkt und womöglich Kunden bei der Stange halten wird.

Inhaltlich sind die drei Gratis-Zeitungen relativ leicht zu unterscheiden. Die Existenz von »Köln Extra« vom Springer-Verlag ist uns ein Rätsel, wir erkennen nicht den geringsten Nutzwert für Verlag oder Leser. Springer fand allerdings recht schnell zu seinen journalistischen Wurzeln zurück, indem man so oft wie möglich nackte Frauen abbildete, weswegen die Stammleserschaft des Blatts hauptsächlich aus pubertierenden Knaben zwischen elf und vierzehn besteht. Ansonsten ging man sehr halbherzig zu Werke und versuchte lediglich, eine Köln-Ausgabe der Bild-Zeitung zu bringen. Dies allerdings zu einem angemessenen Preis.

»20 Minuten Köln« ist offensichtlich vor allem auf junge Leser zugeschnitten, die sonst vielleicht gar keine Zeitung lesen. Szene- und Gesellschaftsnachrichten, Universitäts-Berichte, Artikel über die Pop-Kultur und die neuesten Handy-Innovationen bilden die eigenständigsten Akzente dieser Zeitung. Insofern durchaus sinnvoll, hier wird geradezu ein Bildungsauftrag erfüllt, denn obwohl das Blatt natürlich simpel gestrickt ist, kriegt man die wichtigsten Nachrichten in einer handlichen, witzig gemachten Zeitung kurz und knapp serviert, und eine an Politik und Gesellschaft eher desinteressierte und an Konzentrationsschwäche leidende Generation wird dazu gebracht, sich mal ein bißchen über das Weltgeschehen zu informieren. Das war jetzt ein langer Satz, sorry.

Der »Kölner Morgen« macht im Gegensatz zu »Köln Extra« keine halben Sachen, sondern hat die Herausforderung tapfer angenommen. Eventuell könnte man sagen, daß hier sogar des Guten zu viel getan wurde. Das Blatt ist als Informationsquelle sogar besser als der kostenpflichtige Express. Lustigerweise nimmt damit der »Morgen« dem Express vermutlich mehr Leser weg, als es »20 Minuten« je getan hätte. Während sich »20 Minuten« auf die jungen Leser konzentriert, die größtenteils auch vorher nicht den Express gekauft hatten, fischt der »Morgen« also im eigenen Teich. Eine ironische Entwicklung der Dinge, die der ganzen Sache einen erstaunlich hohen Spaß-Faktor verleiht.

Kölsch für Imis

Wenn Sie in ein fremdes Land ziehen (zum Beispiel Simbabwe, die Molukken oder in die »Neuen Länder«), müssen Sie sich natürlich die dortige Sprache aneignen. Sie glauben vielleicht, dies ist bei einem Umzug in eine andere Stadt Deutschlands nicht nötig? Sie irren sich, und zwar gewaltig. Ein paar Brocken Kölsch müssen Sie können, sonst kommen Sie noch nicht mal in der Stadtbibliothek durch die Türen. Auf denen steht nämlich nicht »ziehen« oder »drücken«, wie Sie das vielleicht gewohnt sind, sondern die Hieroglyphen *trekke* und *däue*. *Trekke* heißt übrigens nicht »drücken«, auch wenn es so ähnlich klingt und sicher täglich Hunderte von Menschen aufs neue darauf reinfallen. Nein, *trekke* heißt ziehen, und *däue* heißt drücken. Sie sehen: Gewisse Grundkenntnisse sind schon erforderlich, um sich hier durchzuschlagen. Kölsch ist auf jeden Fall schützenswert, wie zum Beispiel der Chef des heterosexuellen Karnevalsvereins »Rote Funken« meinte: »Hochdeutsch ist ja eine schöne Sprache, aber Kölsch ist besser.« Warum er diesen Satz auf Hochdeutsch gesagt hat, ist uns allerdings nicht bekannt. Also haben wir im folgenden einige der wichtigsten und von der Sprachmelodie bezeichnendsten kölnischen Wortschöpfungen zusammengestellt, um dem Imi die Grundlagen der kölschen Sprechweise klarzumachen. Um die kölsche Sprache verdient gemacht hat sich Professor Doktor Adam Wrede, der ein dreibändiges Kompendium (»Neuer Koelnischer Sprachschatz«) dieser zweifellos wunderschönen Sprache herausgebracht hat, aus dem wir hier zitieren. Etwaige geschmackliche Entgleisungen bitten wir zu verzeihen, aber Kölsch ist eben ein äußerst volksnaher Dialekt und häufig recht derb.

Ottekolong ist eins unserer Lieblingswörter und die eingekölschte Version von Eau de Cologne, also von Kölnisch Wasser. Damit ist *Ottekolong* also die Übersetzung einer Übersetzung – ulkig, stimmt's? Wichtig: Jedes O wird ganz normal ausgesprochen, und jeder Anflug von Eleganz wird unterdückt. Stellen Sie sich vor, Sie sind Lothar Matthäus.

Wenn Sie »durch *Ficken* nach Belieben eine Stellung öffnen und schließen« können, haben Sie eine *Fickmüll*. Nein, das ist kein umgangssprachliches Wort für ein gebrauchtes Kondom, sondern für die Zwickmühle beim Mühlespiel.

Ein sehr beliebtes Südstadtviertel ist das *Vringsveedel*, das eigentlich *Severinsviertel* heißt. Der Name Severin wird also *Vrings* ausgesprochen, was eine recht komplizierte Verschlüsselung darstellt, an der wahrscheinlich jeder FBI-Computer verzweifeln würde.

Pißbar ist kein Stammlokal für Körperflüssigkeitsfetischisten, sondern nur der Ausdruck für den guten alten Nachttopf. Von Imis wird *Pißbar* auch manchmal scherzhaft auf Kneipen angewendet, in denen es außer Kölsch kein Bier zu trinken gibt.

Das Multifunktionswort *Pittermännche* hat drei völlig unterschiedliche Bedeutungen. Erstens ist es eine Koseform des Namens Peter; zweitens ist es die Bezeichnung für ein kleines Fäßchen Bier, und drittens ist es ein Ausdruck für Penis. Das sollten Sie schon wissen, um unerfreuliche Mißverständnisse zu vermeiden. Die Redewendung *Et Pittermännche zur Oder* (Ader) *loße* heißt laut Wrede pissen. Wenn Sie also ein Bier vom Faß bestellen wollen, sagen Sie dem Kellner nicht, er soll *et Pittermännche zur Oder loße*, das führt zu nichts. Höchstens in einer *Pißbar*. Kleiner Scherz am Rande.

Jetzt kommt was Lustiges. Das Verbum *afmöpse* bedeutet nicht etwa, daß sich frau die Brust vergrößern läßt. Nein, *afmöpse* bedeutet, jemanden umbringen, aber in scherzhafter Weise; wenn Sie also jemanden in scherzhafter Weise umbringen, haben sie ihn *afjemöps*. Das ist übrigens verboten – sogar im Karneval, auch wenn's noch so scherzhaft gemeint war.

Futzangenies ist eine gute Bezeichnung für zum Beispiel Verona Feldbusch oder Angela Merkel, da staunen Sie, was? Wir verraten aber nicht genau, was es heißt. Iiiiiiiihhh, ist das ekelig.

Vor einiger Zeit gab es die aufsehenerregende Aktion eines Radiosenders, der einen neuen Ausdruck für Menschen suchte, die zu brav, zu soft, zu gut für diese Welt sind. Im Kölschen gibt es dafür einen wunderbaren Ausdruck: *Möhnejrößer*. Das ist zum Beispiel ein Mann, der älteren Damen gegenüber übertrieben freundlich ist, ihnen also über die Straße hilft, ihnen in der Bahn einen Platz anbietet oder sie beim minutenlangen Kleingeldsuchen an der Kasse nicht eiskalt *afmöpse* will. Eine aussterbende Gattung.

Latzendresser bedeutet laut Wrede wörtlich »Mensch, der über die Latte scheißt«, was sich auf eine uralte Abort-Konstruktion bezieht. Heute ist das Wort verwendbar auf einen langen, hageren Menschen. Variante: *Latzesecker.* Ein Schimpfwort, das vor allem auf Imis gemünzt ist, denn so was wie lange, hagere Ur-Kölner gibt es gar nicht. Die sind alle klein und untersetzt. Alle.

Kommen wir nun zu echten Profi-Wörtern, die man *unjlöcksilligerwies* nur aussprechen kann, wenn man *krützjranatestänehagelvoll* (angetrunken) ist. Oder eben aus Köln stammt.

Schraatelshungk ist ein schönes altmodisches Schimpfwort und bezieht sich auf Menschen, die sehr häufig in Köln vorkommen, besonders in der Karnevalszeit. Mit *Schraatelshungk* können Sie jeden bezeichnen, der unangenehm laut spricht oder schreit. Auf Kölner Bühnen gilt das als Tugend.

Schavuenanjeseech – ein originelles Schimpfwort, welches leider viel zu selten noch gebraucht wird. Man kann es sehr gut auf Konrad Adenauer, Christian Ziege, Uschi Glas oder Guido Westerwelle anwenden. Vermutlich erraten Sie jetzt, was es bedeutet.

Besonders anschaulich ist Professor Wrede bei der Einbeziehung von Redensarten, die er dem kölschen Volksmund abgeguckt hat. Bei dem Wort *Jüd* oder *Jüdche*, was Jude bedeutet, überschlagen sich geradezu die volkstümlichen Bonmots: »*Hä wor beim Jüd*« heißt: »Er hat Geld aufgenommen«. Sehr anschaulich, wenn auch tendentiell etwas antisemitisch angehaucht: »*Ne Jüd es und bliev 'ne Jüd. Ne Jüd kammer* (kann man) *vör eruswerfe, dann kütte hinge widder eren*«. Haha, die Kölner hatten eben schon immer einen spritzigen Humor. Ebenso lehrreich auch *Jüddeminsch* beziehungsweise *Jüddeschicksel* als Schimpfwörter. Manch einer würde wohl auch sagen, in Köln sei jede Schule inzwischen eine *Jüddeschull*: »*He jeit et zo wie en 'ner Jüddeschull*« – heißt, es geht sehr chaotisch und undiszipliniert zu. Ein wenig verfänglich dann aber doch folgende Sprüche: »*Frech wie 'ne Jüd*«; »*Do bes noch schlimmer wie 'ne Jüd*«; »*En Mul, en Nas han wie 'ne Jüd*«; »*Unräuhich wie der iwije Jüd*«. Der »ewige Jude« – okay, das ist dann vielleicht doch ein bißchen viel. In letzter Konsequenz waren und sind die Kölner halt doch nur Deutsche.

Auch der *Itzich* findet im Kölner Wortschatz seinen Platz, ebenso wie andere Völker. Türken gibt es offenbar nicht erst seit Ende des Krieges in Köln, der *Türk* wird ursprünglich als »dunkelhaariger Mensch von gräulich-bräunlicher Hautfarbe und wenig kultiviertem Äußeren« bezeichnet, später mit *ärme Türk* als »schwächlicher, unbefähigter Mensch«. Gut, das würde man heute vermutlich etwas diplomatischer formulieren, aber das Wort ist auch schon etwas älter. Wörter wie *Polak* sind sogar bis ins fünfzehnte Jahrhundert zurückzuverfolgen. *Nazion* wird übrigens definiert als »nach Abstammung, Sprache und Sitte (blutsmäßig) eine Gemeinschaft bildendes Volk«. Das sollte nach dem neuen Staatsbürgerschaftsrecht vielleicht mal überarbeitet werden.

Es gibt kein einziges Wort mit C, was verblüfft, fing doch der Name der Stadt bis ins achtzehnte Jahrhundert hinein mit C an: Collen, respektive Cöllen. Aber das klang den Menschen wohl irgendwie zu französisch, und so wurde der Anfangsbuchstabe C nach Abzug der unbeliebten Froschfresser aus dem kölnischen Sprachgebrauch getilgt. Dabei erlebt das C im Moment ein gigantisches Comeback, durch das Medienzentrum »Coloneum« und dem neuen Bahnhof unter dem Pseudonym »Colonaden«. »Colon« ist übrigens lateinisch und bedeutet »Glied«.

Ein G *jibt es imjrunde* auch nicht, denn das G wird im Kölschen am Wortanfang *jrundsätzlich* als *J ausjesprochen*. Deshalb muß man unterscheiden zwischen echten J-Wörtern und falschen. Falsch: *Jürzenich* (Gürzenich); echt: *Jüddefleisch* (Judenfleisch).

Versuchen Sie, im Gespräch mit Einheimischen möglichst häufig solche Wörter einzubringen. Es gibt nichts, womit Sie einen echten Kölner mehr beeindrucken können als mit einem kölschen Wort, daß der nicht einmal selber kennt. Oder sogar mit einem Satz. Versuchen Sie mal zu sagen:

Et Pittermännche, dä Schavuenanjeseech, hät unjlöcksilligerwies dat Marieche, et ahl Futzangenies, enne Vringsveedel krützjranatestänehagelvoll afjemöps.

Wunderschön, nicht wahr? Die furchtbarsten Sachen klingen im Kölschen richtig nett. Die Deutsche Bahn sollte ihre Pressekonferenzen in Kölsch abhalten. Ach ja: Ganz wichtig für Imis, die nicht als solche erkannt werden wollen, ist das Wort *Blotwoosch* (Blutwurst). Ein Spruch aus dem Jahre 1951 sagt: »*Wä nit Blotwoosch sage kann – Dat es ene imitierte Kölner janz jeweß*«. Also: üben.

Geographie
für Imis

Nach den ersten Seiten dieses Buches steht Ihr Entschluß gewiß fest: Ich ziehe nach Köln! Wir gratulieren, aber die nächste Frage lautet natürlich: In welchem Stadtteil wohne ich denn am besten? Keine so leicht zu beantwortende Frage. Viele würden jetzt sagen: »Natürlich im Belgischen Viertel!« oder »Ey, Mann, ey, komm na' Ehrenfeld, Alter, ey, voll krass hier!« oder »Jung, in Libur ist es wirklich wunderschön!« Wir versuchen gleich, Ihnen eine Auswahl der bedeutsamsten Viertel (*Veedel*) vorzustellen und die Vor- und Nachteile klarzumachen. Vorher jedoch müssen wir Sie über ein grundsätzliches Problem informieren, das Ihre Entscheidung möglicherweise stark beeinflussen wird.

Der Rhein in unseren Köpfen

Sollten Sie sich bei der Wohnungssuche der Hilfe einer der Mitwohnzentralen oder Wohnungsvermittler bedienen (auf Anzeigen achten, kann sich lohnen), so machen Sie sich auf folgendes Schlüsselerlebnis gefaßt: Wenn Sie sagen, daß Sie sich durchaus auch einen rechtsrheinischen Existenzort vorstellen könnten, verzieht der Vermittler ungläubig den Mund. Und wenn Sie sogar (durchaus mit Recht) Porz-Westhoven als angenehme, hübsche Gegend charakterisieren, muß er erst einmal einen zur Brust nehmen, gefolgt von der unvermeidlichen Frage: »Sie sind nicht aus Köln, stimmt's?«

Heinrich Böll, der den Rhein[3] stets geliebt hat, während er zu Köln ein eher ambivalentes Verhältnis pflegte, hat einmal geschrieben, der Rhein sei »eigentlich der Stadt immer fremd geblieben«, und Köln habe »eigentlich keine Beziehung zum Rhein.« Wenngleich Böll sich auch viele dumme Aussetzer in bezug auf Köln geleistet hat (mehr dazu im Kapitel »Vorbilder für Imis«), an dieser Stelle hatte er nicht unrecht. Die Kölner, jedenfalls die linksrheinisch lebenden, begreifen den Rhein nicht als Bestandteil ihrer Stadt, sondern vielmehr als Grenze.

Böll diagnostizierte 1979 eine »Arroganz« der Linksrheiner »gegenüber Menschen, die östlich des Rheins wohnen«, wobei schon Deutz als »fast unerträglich« eingestuft würde, bis hin zu »der krassen Formulierung, daß da schon Sibirien anfängt«. Eine Formulierung, die angeblich auf Konrad Adenauer zurückzuführen ist, der auf Dienstreisen nach Überquerung des Rheins die Fenster geschlossen hat und nichts von dieser Rheinseite wissen wollte. Er hielt Berlin schon für Rußland – »mehr ging eben in die rheinische Runzelrübe nicht rein« (Dietmar Wischmeyer). So geht es den meisten Kölnern noch heutzutage, die auf der linken Seite leben. Und es hat keinen Sinn, drumrumzureden: Das ist voll berechtigt.

Schäl sick – so wird die rechte Rheinseite seit langem genannt. Es gehört sozusagen zum Brauchtum, die Hälfte Kölns herabzuwürdigen. Sie sollten sich das schleunigst auch angewöhnen, sonst nimmt Sie keiner ernst. Köln ist praktisch so was wie ein soziologisches Mikrodeutschland. Linksrheinisch, also im Westen, sind diejenigen, die es geschafft haben, die Glücklichen, Wohlhabenden, Schönen der Stadt. Und im Osten, also rechtsrheinisch, durch eine Art Kölner Mauer aus Wasser getrennt, sind die armen Verlierer, die Asozialen, die Ausgestoßenen.

Nun, woran liegt das? Für die Antwort muß man weit ausholen, circa 2000 Jahre. Als es den Römern damals einfiel, hier einzufallen, da haben die Linksrheiner entweder

a) sich ausrotten lassen oder
b) mit dem Feind kollaboriert.

---

3 Der bei Köln geomorphologisch übrigens zum Niederrhein gehört, aber verraten Sie das bloß nicht den Kölnern, die fühlen sich als Mittelrheiner, und diese harmlose kleine Schrulle wollen wir ihnen mal gönnen.

Die Rechtsrheiner hingegen hatten keinen Bock, die haben sich tapfer gewehrt und sich die Römer vom Leibe gehalten. Ergebnis: Links wurde alles schön römisch organisiert, rechts hat man weiter in den Wald gekackt. Das ist der Preis der Unabhängigkeit.

Natürlich hätte man im Laufe der Jahrhunderte, spätestens im vergangenen Jahrhundert, diese Zustände überwinden können, schließlich sind die Römer schon ein Weilchen fort bzw. betreiben in Köln nur noch Eisbars und Pizzerien. Aber die Kölner, das werden Sie schnell merken, sind Gewohnheitstiere. Außerdem waren die Umstände anders. Kalk und Mülheim waren lange Zeit das industrielle Kerngebiet der Stadt. Und man muß irgendwo auch zugeben, daß sie damit nicht unerheblich zum Wohlstand der Stadt beigetragen haben, oder genauer gesagt, diesen quasi im Alleingang sichergestellt haben. Es gibt ein paar Angeber auf der schalen Seite, die davon sprechen, die rechte Seite habe die Linksrheiner »durchgefüttert«, und daraus nun den albernen Anspruch ableiten, daß nun, nach dem Niedergang der rechtsrheinischen Industrie, die Linksrheiner verpflichtet wären, auch mal was für die östliche Provinz zu tun. Wir sagen: Blödsinn! Eigentlich ist es schon löblich genug, daß die rechte Rheinseite nicht wieder komplett ausgemeindet wird. Seien wir doch mal ehrlich, und alle Linksrheiner werden nun ohne zu Zögern zustimmen: Auf der rechten Rheinseite gibt es nur noch stinkende Proleten, stinkende Junkies (aus der »gesäuberten« Innenstadt vertrieben) und »stinkende Kebabbuden«, wie es die Stadt-Revue unlängst formulierte. Und das nicht nur in Kalk, sondern auch in Porz und einem ominösen Stadtteil namens »Mühlheim« (Stadt-Revue), wo die Bevölkerung die Frechheit besitzt, arm zu sein. Eine Schande für unsere schöne Stadt! Und die stellen auch noch Ansprüche!

Was hat die Statistik, wenn ein Rechtsrheiner stirbt?
Einen Arbeitslosen weniger.

Hier lacht der Imi

Nun, ein Gutes hat es für Sie, falls Sie in diese Mini-DDR ziehen wollen: Die Mieten und Nebenkosten sind sehr günstig. Trotzdem sollten Sie gut darüber nachdenken. Wollen Sie jedesmal, wenn Sie Ihren Wohnsitz nennen, mit einem mitleidigen Gesichtsausdruck bedacht werden? Die linke Rheinseite ist nun einmal einfach schöner. Das fängt bei der Architektur an: Während in Kalk zweckmäßige, häßliche Betonklötze als Behausung rumstehen, wohnen die Ehrenfelder in unzweckmäßigen, häßlichen Betonklötzen. Das hat noch Atmosphäre, ars vivendi, es hat einfach Stil!

»Das Zentrum von Ehrenfeld in seiner ganzen Herrlichkeit«

Dazu kommt die Natur. Die Linksrheiner haben den wunderschönen äußeren Grüngürtel. Nun ja, sicher: »Gürtel« ist ein bißchen hochgegriffen, im Grunde reicht der ja nur von Rodenkirchen bis nach Lindenthal, umspannt also nur die halbe Taille der linken Stadthälfte, das ist höchstens eine grüne Gürtelschnalle. Und eine Autobahn zäunt das Ganze ein, außerdem besteht er zur Hälfte nur aus Friedhöfen, was auch nur bedingt von Vorteil ist. Und der sogenannte Innere Grüngürtel hat inzwischen höchstens den Stellenwert einer verkehrslärmverseuchten »Autobahnrandbegrünung« (Stadt-Revue). Na ja schön, aber was ist dagegen auf der *schäl sick*?

Okay, eine ganze Menge. Wenn man mal genau hinsieht, ist es dort wunderschön, denn zur rechten Rheinseite gehört der Königsforst, ein Naturschutzgebiet, größer als der ganze Stadtbezirk Nippes. Auch im Norden ist ein großer Stadtwald zu finden. Und

südlich gibt es auch noch die Wahner Heide, ein Naturschutzgebiet von der Größe der gesamten Innenstadt. Hmmm, das ist jetzt
ein bißchen komisch. Wieso ist eigentlich die rechte Seite die *schäl
sick*, wo sie doch eigentlich viel schöner … Nein! Solche Gedanken darf man gar nicht erst an sich ranlassen! Als Kölner müssen
Sie die rechte Stadtseite verdammen, als einen Ort des Grauens,
der Häßlichkeit, der Eintönigkeit! Ist doch wahr, Umwelt und Natur – das ist wirtschaftlich nicht besonders hilfreich, außerdem ist
es nicht gerade cool, stimmt's?

»Typisch schäl sick, lauter schiefe Bäume«

Viel wichtiger ist, daß man rechtsrheinisch nicht einkaufen
kann. Es geht wirklich nicht. Man wohnt praktisch in einem rie-
sengroßen Kuhdorf, wo man für jeden richtigen Einkauf in die
große Stadt fahren muß. Das ist so prekär, daß man Absicht bei
der Stadtplanung unterstellen muß. Sie werden das jetzt nicht
glauben, aber während in der Kölner Innenstadt sich ein Kino ans
andere reiht, gab es auf der gesamten rechten Rheinseite zuletzt
nur ein einziges altes Autokino. Inzwischen ist man dabei, das zu

ändern, weil es wohl auch dem härtesten *schäl sick*-Hasser langsam zu offensichtlich wurde, was man hier mit den Rechtsrheinern veranstaltet. Ein besonders bestechendes Indiz ist die Linienführung der KVB: Es ist nicht möglich, mit einer Straßenbahn vom Norden der *schäl sick* in den Süden oder umgekehrt zu fahren. Wenn Sie in Mülheim wohnen und in Porz einkaufen wollen, brauchen Sie mit der Bahn bis zu einer Stunde und müssen für die Hin- und Rückfahrt insgesamt viermal den Rhein überqueren. Alle Bahnlinien liefern den Fahrgast schnurstracks in der Innenstadt ab – auf daß niemand auf den Gedanken komme, woanders sein Geld oder sein Leben zu verschwenden. Ein Umsteigen noch auf der rechten Rheinseite ist unmöglich – und das bei insgesamt acht Bahnlinien! Es bedurfte gewiß jahrelanger Planung und Berechnung, diese perfekte Logistik hinzukriegen und damit der rechtsrheinischen Binnenkonjunktur die Luft abzudrehen.

Linksrheinisch stehen derweil zusätzlich zur Innenstadt mehrere Einkaufszentren, vor allem in Weiden, Marsdorf und Chorweiler. Natürlich bilden sich auf den Straßen dorthin lichtjahrlange Staus, weil ja nicht die *halbe* Kölner Bevölkerung dorthin will, sondern gleich die *ganze*. Gleichzeitig scheint im Rathaus die – vermutlich richtige – Meinung vorzuherrschen, die Rechtsrheiner würden niemals einkaufen. Nein, die züchten doch ihre eigenen Schweine und bauen sich ihren Kohl im Schrebergarten an, tragen ihre Klamotten von den Urgroßeltern auf und baden mit Kernseife, die kaufen nix, also brauchen wir denen auch keine Einkaufsmöglichkeiten geben. Einzige Ausnahme: Baumärkte. Die gibt's massenhaft. Ist ja auch logisch, die reichen Linksrheiner lassen ja bei jedem tropfenden Wasserhahn gleich eine Horde Klempner kommen, aber die mittellosen Rechtsrheiner, ja Gott, die müssen das halt selber machen, die haben ja kein Geld. Zweifellos eine sehr vernünftige Herangehensweise, keine Frage. Wieso die Rechtsrheiner das nicht einfach einsehen, ist wirklich unverständlich. Aber so sind die halt. Das sind keine richtigen Kölner. Wobei manche sagen, das wäre ein Grund, stolz zu sein.

Außerdem gibt es auch auf der *schäl sick* einige echte Schmuckstücke, allen voran die brandneue Kölnarena in Deutz, eine der größten (und verschuldedsten) Mehrzweckhallen Europas. Die hat man allerdings nur dort gebaut, weil man sie in die linksrheinische Innenstadt beim besten Willen nicht mehr reinquetschen konnte. Und jenseits der Ringe wär's zu weit weg gewesen. Also hat man sich mit zerfurchter Stirn für Deutz entschieden, in dem ja wenigstens schon das Messegelände ist. Die Veranstalter können bis heute noch nicht fassen, daß das sogar geklappt hat. Daß Linksrheiner sich dazu herablassen, den Rhein zu überqueren und auf die *schäl sick* kommen, das darf schon als Sensation angesehen werden. Gleich danach muß man natürlich gründlich duschen, um den Gestank wieder loszuwerden, aber was nimmt man als Eishockey-, Boxkampf- oder Konzertbesucher nicht alles auf sich.

Wobei Deutz fast noch als linksrheinisch angesehen wird, da er als einziger rechter Stadtteil noch die noble Fünf-Null am Anfang der Postleitzahl trägt. Das ist den Deutzern mindestens so wichtig wie dem Benz-Fahrer der Mercedes-Stern. Deutz wird verschrobenerweise tatsächlich zur Innenstadt gezählt, grad so als wäre der Rhein dazwischen bloß eine Art optische Täuschung. Wenn also unser Vergleich mit Gesamtdeutschland stimmt, dann nimmt Deutz quasi die Rolle von Berlin ein, eine Oase in der Wüste. Und wie die Bundesregierung nach Berlin zog, so zog die Stadtverwaltung kürzlich nach Deutz. Der Vergleich funktioniert tatsächlich ohne Einschränkung. Verblüffend.

Der ehemalige Chef der Industrie- und Handelskammer Köln meinte, die Zukunft der Stadt sehe er auf der rechtsrheinischen Seite: »Im Rechtsrheinischen sollte das moderne Köln entstehen, mit aufregender Architektur.« Zum Glück ging der Mann im März 2000 in Pension, so daß sich niemand mehr mit diesem Unfug beschäftigen muß. Höchstens zum Schein: Inzwischen hat man sich in einem Anfall von Sentimentalität entschlossen, ein wenig für die *schäl sick* zu tun. In Kalk entsteht zur Zeit auf der Fläche einer ehemaligen Chemiefabrik ein Gelände mit Büros, Wohnungen, etwas Einzelhandel und sogar einem richtigen Kino mit Sitzplätzen, auf denen man auch sitzen kann. Weitere revolutionäre Vorhaben sind in Mülheim und Kalk geplant, deren Konzepte zwar weder durchdacht noch durchgerechnet sind, aber sowieso wohl eher symbolisch gemeint sind. Es wurde auch mal überlegt, ein neues großes Stadion mit allen Schikanen im Rechtsrheinischen zu bauen, aber das empfand man dann als zu große Zumutung für die linksrheinischen FC-Fans. Kulturelle Angebote jedenfalls bekommen die undankbaren Rechtsrheiner auf keinen Fall, die wüßten das sowieso nicht zu schätzen. Und bei allen Planungen herrscht dasselbe Prinzip vor wie bei den Konzeptionierungen der Einkaufsmeilen in ganz Köln: Es soll nach was aussehen, ein gewisser Grundbedarf wird gedeckt, aber eine echte Alternative ist es nicht. Sie erkennen wieder die Parallelen zu Gesamtdeutschland?

Das alles erscheint Ihnen jetzt vielleicht maßlos ungerecht, zynisch, menschenverachtend, peinlich, armselig, unter aller Sau, tränentreibend und zum Kotzen. Reißen Sie sich zusammen. Das sind die Rechtsrheiner doch selber schuld. Die hätten beizeiten das Kölner Rathaus in die Luft sprengen und sich von Köln abspalten müssen, solange sie noch auf der Gewinnerseite waren. So blöd sind die Linksrheiner bestimmt nicht: Die lassen klugerweise andere für sich arbeiten und machen sich nicht selbst die Hände schmutzig. Und wenn die Arbeit getan ist und die Profite schrumpfen, wird die Belegschaft gefeuert. So läuft das hier nun mal, und wem das nicht paßt – geht doch rüber!

Tip für Imis!

Sollten Sie ein schwaches Selbstwertgefühl haben, so ist die rechte Rheinseite nichts für Sie. Dafür muß man Nerven haben. Unsichere Menschen leben linksrheinisch. Allein wenn man schon beiläufig ins Gespräch einfließen lassen kann »Ich wohn übrigens auch im Belgischen Viertel« oder »Bei mir in der Südstadt ...«, das beruhigt so manchen Minderwertigkeitskomplex. Das ist dasselbe wie mit Porschefahrern oder Männern mit extra langen Jagdgewehren.

En unserem Veedel

Köln ist in neun Stadtbezirke unterteilt, die wiederum diverse Stadtteile beinhalten, die wiederum diverse *Veedel* enthalten. Was genau ein *Veedel* ist, klären wir etwas später. Es ist jedenfalls nicht korrekt, *Veedel* einfach mit »Stadtviertel« zu übersetzen. In Köln müßte man eigentlich von Stadthundertsteln reden, so viele Viertel gibt es hier nämlich, die Zahl ist fast so hoch wie die der Kölsch-Marken. Das kann schon mal etwas verwirrend werden: Verwechseln Sie nicht Weiden, Pesch und Weidenpesch, oder Holweide und Weiden bzw. Weidenpesch, und schon gar nicht mit Pesch, das wiederum nicht mit Esch, ganz zu schweigen von Ehrenfeld und Neu-Ehrenfeld, das ist nicht dasselbe, ebensowenig wie Raderberg und Raderthal, Niehl und Riehl, Merkenich, Mengenich und Meschenich, Wahn und Wahnheide, Gremberg und Gremberghoven, Buchforst und Buchheim, Höhenhaus und Höhenberg, sowie Brück, Neubrück und Dellbrück. Sürth und Hürth können Sie ruhig verwechseln, Hürth gehört nicht zu Köln.

Wir werden Ihnen nun die Stadtbezirke Kölns in willkürlicher Reihenfolge vorstellen. Jeder Bezirk hat einen gleichnamigen Stadtteil als Zentrum. Viele werden es seltsam finden, daß die Vorstellungen ausgerechnet mit Porz beginnen. Die sollen die Klappe halten und sich nicht aufspielen. Die kennen wahrscheinlich nicht einmal fünf der zugehörigen Stadtteile.

Porz ist ein flächenmäßig sehr großer Bezirk und umfaßt den gesamten rechtsrheinischen Süden mit folgenden Vierteln: den Stadtteil Porz, dann Poll, Westhoven, Gremberghoven, Ensen, Eil, Urbach, Elsdorf, Wahn, Wahnheide, Lind, Libur, Zündorf, Langel und Grengel. Der Flughafen gilt übrigens auch als Stadtteil. Porz ist eigentlich eine autarke Kleinstadt, die vor noch nicht allzu langer Zeit von Köln annektiert … äh, eingemeindet worden ist. Das war schon witzig damals: Während Köln in Schulden ertrank und starke Strukturprobleme hatte, war Porz, nach dem Krieg ein »Entwicklungsschwerpunkt ersten Ranges«, schuldenfrei und besaß eine breite wirtschaftliche Basis inklusive Flughafen und Verschiebebahnhof. Die Eingemeindung von Porz würde Köln nicht nur den Status einer Millionenstadt verleihen, sondern außerdem einen unschätzbaren Grundbesitz einbringen. Auf diese Überlegung hin entspann sich zwischen den Kölnern und den Porzern folgender Dialog:

Kölner: Liebe Porzer! Wir gratulieren euch!
Porzer: Oh, danke vielmals! Und wofür eigentlich?
Kölner: Freut euch: Ihr werdet jetzt Kölner!
Porzer: Oh, toll … Moment mal, wie war das?
Kölner: Tja, ihr werdet jetzt eingemeindet!
Porzer: Aha.
Kölner: Jaha!
Porzer: So.
Kölner: Jawoll! Wir gratulieren!
Porzer: Ähem.
Kölner: Nichts zu danken!
Porzer: Also, das wollen wir eigentlich nicht …
Kölner: Gern geschehen! Tun wir doch gerne!
Porzer: Ja, das glauben wir, aber wir würden das eigentlich eher ablehnen, weil …
Kölner: Äh – wie bitte?
Porzer: Nun ja, es ist doch so …
Kölner: ABLEHNEN? Seid ihr jeck?
Porzer: Erlaubt mal bitte! Was haben wir denn davon?
Kölner: Was ist denn das für eine dämliche Frage? Ihr werdet zu Kölnern! Zu waschechten Kölnern! Na ja, nicht gerade ihr, aber eure Kinder und Enkelkinder! Wollt ihr euren Kindern etwa diese Chance nehmen?
Porzer: Nein, wir wollen unseren Kindern die Chance erhalten, in einer schuldenfreien und intelligent wirtschaftenden Stadt zu leben, nichts für ungut, aber …
Kölner: Jetzt reicht's aber! Undankbares Pack! Ihr werdet eingemeindet, und damit hat es sich! Provinzgesocks!

Und so wurde Porz in der Silvesternacht 1974 zu Köln-Porz. Protestmärsche, Unterschriften und Eingaben an den Landtag hatten nichts genutzt, weil die Zahl der Kölner Abgeordneten im Landtag natürlich höher war. Seitdem müssen die Porzer ein höheres Steuer- und Gebührenaufkommen leisten, während die Stadt Köln in Porz deutlich weniger investiert als die Porzer Regierung es zuvor getan hatte, kurz: Porz wurde ausgeplündert. Und als Bonus wurde der Bezirksvertretung ein Großteil der Rechte genommen, die sie als Gemeinderat noch hatte. Das führte natürlich dazu, daß die Einwohner dieses sympathischen, beschaulichen Kaffs bis heute gar nicht so glücklich über ihren Status als Kölner sind. So ähnlich wie die Wattenscheider, die zu großer Zahl lokalpatriotische Autoaufkleber spazierenfahren mit Aufschriften wie »Wattenscheid und nicht Bochum!«. Die Porzer sind da subtiler. Sie nennen ihre Heimatstadt niemals »Köln-Porz«, sondern tun einfach so, als hätten sie noch nie etwas von einer Stadt namens »Köln« gehört. Und wenn, dann nur um sich über den 1. FC lustig zu machen. Diese Einstellung ist dadurch, daß es einen regen Zuzug nach Porz in den letzten fünfundzwanzig Jahren gab, inzwischen nicht mehr so stark, weil den jüngeren Bewohnern gar nicht bewußt ist, was Porz verloren hat. Dennoch: Sollten Sie nach Porz ziehen, berücksichtigen Sie die Stadtgeschichte, und verfluchen Sie Ihr Nummernschild mit dem ekeligen »K«.

Obwohl in der Kölner Politik stets das Wort »Proporz« eine große Rolle spielte, so war sie leider sehr selten »Pro Porz«. Verzeihen Sie dieses billige Wortspiel. Traditionell hat hier eher die SPD das Sagen, mit Ausnahme in der schönen Gemeinde Libur, wo die Füchse und Gänse sich noch »Gute Nacht« sagen, bevor sie die Bürgersteige hochklappen. Nachteilig ist für den Anwohner der Fluglärm von den Nachtflügen des Flughafens Köln/Bonn. Der ist nämlich der einzige in Deutschland, der eine grundsätzliche Nachtflugfreiheit für Frachtflugzeuge garantiert. Das ist nicht nur gut für die Wirtschaft, sondern auch ein bezaubernder Zungenbrecher, finden Sie nicht?

Die Kriminalität in Porz ist relativ gering, besonders Körperverletzung findet hier so gut wie nie statt. Die Mieten sind mit die niedrigsten in Köln, außerdem kann man dort immer noch – trotz der Bemühungen der Stadt – recht gut einkaufen: Porz hat die einzige Fußgängerzone in Köln, die diese Bezeichnung verdient. Außerdem gibt es ein oder zwei gute Gewerbegebiete. Deshalb für Porz: eine klare Empfehlung.

Stadtbezirk Chorweiler liegt im linksrheinischen Norden und beinhaltet folgende Stadt- bzw. Ortsteile: Chorweiler, Fühlingen, Roggendorf, Worringen, Blumenberg, Broich, Heimersdorf, Lindweiler, Merkenich, Seeberg, Esch, Pesch, Auweiler, Feldkassel, Rheinkassel, Kasselberg, Seeberg, Kreuzfeld, Hoven, Thenhoven, Volkhoven und Bergheimerhöfe. Außerdem gibt es noch einen Stadtteil namens Langel, gleichlautend wie in Porz. Chorweiler ist der einzige Bezirk, der nicht an den Bezirk Innenstadt angrenzt; der Stadtteil Chorweiler ist eine echte Trabantenstadt, Nordrhein-Westfalens größte Hochhaussiedlung. Allgemein wird Chorweiler nicht geschätzt, um den Stadtteil ranken sich Vorurteile wie »asoziales Kaff«, »Istanbuler Ghetto« oder »Kanaken-Brutstätte« wie eine Schlinge um den Hals. Eigentlich gehört Chorweiler nur aus technischen Gründen zur linken Seite. Auffallend sind vor allem zwei Dinge: Erstens besteht praktisch ganz Chorweiler aus Wohn-Wolkenkratzern, zweitens ist der Ausländeranteil recht hoch, drittens gibt es hier die mit weitesten Abstand hübschesten Mädchen der Stadt zu bewundern. Beinahe schwindlig wird dem männlichen Flaneur, weil ihm an jeder Ecke eine Art türkisch/afrikanische Ausgabe einer noch üppigeren Laetitia Casta entgegenkommt. Leider schieben sie häufig schon einen Kinderwagen vor sich her. Das Aussehen der holden Männlichkeit läßt allerdings größtenteils äußerst zu wünschen übrig und ist in Einzelfällen schon nicht mehr mit den Genfer Konventionen vereinbar.

Das allgemeingültigste Vorurteil über Chorweiler lautet, daß hier Schlägereien und Schießereien an der Tagesordnung sind. Um so erstaunter wird der alteingesessene Kölner auf die Erkenntnis reagieren, daß der Stadtbezirk mit der geringsten Straßenkriminalität Chorweiler heißt! Bei Körperverletzung gerade mal so im Mittelfeld, bei Raubdelikten im unteren Drittel, und bei Straßenraub, Taschendiebstahl und Pkw-Aufbrüchen sogar Schlußlicht. In keinem Stadtteil können Sie sicherer durch die Straßen gehen. Der Polizei selber ist das wohl gar nicht bewußt. Das erste, was Polizisten zu Chorweiler einfällt, ist das »Ausländer-Problem«. Nun sind zwanzig Prozent Migranten vielleicht gar nicht mal so viel, wenn man es zum Beispiel mal mit Little Italy in New York vergleicht, wo es circa dreiundneunzig Prozent sind. Aber wir sind hier in Kölle und nicht in irgendeinem amerikanischen Achtzehn-Millionen-Kaff. Hier hat man Grundsätze.

Dennoch kann man SPD-Hochburg Chorweiler sowohl für Deutsche als auch für Ausländer empfehlen, nicht nur wegen der geringen Kriminalität, auch wegen der niedrigen Mieten und der relativ guten Einkaufs-Infrastruktur. Das »City-Center« ist ein großes Einkaufszentrum, in dem man nahezu alles bekommt, was man so fürs tägliche Leben braucht, in der Größe und leider auch in der Übersichtlichkeit vergleichbar mit dem Weidener »Rhein-Center«. Als zusätzlichen Bonus können Autofahrer schnell über den Rhein nach Leverkusen huschen und in der fabelhaften Fußgängerzone dort erfolgreiche Geschäfte tätigen.

Fazit: Für den weiblichen Imi ist Chorweiler nicht zu empfehlen aufgrund der häßlichen Architektur und der unattraktiven Männlichkeit. Für den maskulinen Imi kann Chorweiler dagegen der reinste Spielplatz sein. Allerdings sollten Sie sich unbedingt mindestens drei Handys, Goldkettchen und häßliche bunte Freizeithosen ohne Gürtel zulegen, sonst werden Sie als eigenartiger Freak ausgegrenzt.

Ein richtiges Ghetto findet sich dagegen im Stadtbezirk Rodenkirchen, nämlich der Stadtteil Hahnwald. Davor müssen wir wirklich warnen. Der Ausländeranteil beträgt hier ziemlich exakt null Prozent, und dennoch (sic!) gibt es häufig Einbrüche, die Grundstückspreise spotten jeder Beschreibung, Einkaufsmöglichkeiten sind praktisch gar keine vorhanden, nicht einmal Supermärkte oder Kneipen gibt es, und nur eine Buslinie fährt hindurch. Einziger Bonus: Es gibt auch keine Kirche. Hahnwald ist damit sozialer Brennpunkt Nr. 1 in Köln (achtzig Prozent CDU-Wähler!!!), und es bedarf schon sehr viel Verzweiflung, um sich dort niederzulassen.

Der den linksrheinischen Süden umfassende Stadtbezirk Rodenkirchen beinhaltet außer Hahnwald und dem Stadtteil Rodenkirchen noch Bayenthal, Hochkirchen, Höningen, Immendorf, Konraderhöhe, Marienburg, Meschenich, Raderberg, Raderthal, Rondorf, Godorf, Sürth, Weiß und Zollstock. Der Bezirk ist insgesamt recht schön und hat linksrheinisch den größten Grün-Anteil, gehört aber noch nicht lange zu Köln. 1975 wurde die Kleinstadt zeitgleich mit Porz nach Köln eingemeindet, allerdings ohne große Proteste – man hatte nicht viel zu verlieren. Ein Problem hier ist das Hochwasser, davon wird zumindest der Stadtteil Rodenkirchen immer gleich als erster betroffen. Die Einkaufssituation ist unbefriedigend, mit einer Einschränkung: Rodenkirchen grenzt an die sympathische, hübsche Nachbarstadt Hürth, in der es – gut versteckt – den »Hürth Park« gibt. Das ist ein sehr großes Einkaufszentrum mit einem Angebot, das keine Wünsche offen läßt und außerdem – bei jedem Kölner setzt spätestens jetzt der Herzschlag aus – massenhaft kostenlose Parkplätze hat!

Tip für Imis!

Sehr viele Kölner ahnen überhaupt nichts von der Existenz des Einkaufsparadieses »Hürth Park«, auch die Stadt Hürth wirbt nicht dafür und geizt mit Hinweisschildern (es befindet sich an der Theresienhöhe im Westen von Hürth-Hermülheim, direkt neben dem Bürgerhaus), und das hat einen guten Grund: Es hat nämlich Tradition, daß Köln jede Nachbarstadt, der es besser geht, unverzüglich eingemeindet, um die Stadt dann auszuplündern (wie es zuletzt der FDP-Mensch Sterck ernsthaft vorschlug). Und wenn das nicht geht, wird am Stadtrand – wie in Weiden – ein Einkaufszentrum hingestellt, um den Einzelhandel des Nachbarn von außen zu ruinieren. Letztere Taktik haben die Hürther aber durchschaut und schnell Abwehrmaßnahmen ergriffen, indem sie schnell ein eigenes, noch viel größeres Einkaufszentrum bauten. Inzwischen will Hürth auch die Bahnlinie 19 bis zum »Hürth Park« verlängern lassen. Wenn das mal gutgeht. Sobald der Umsatz dort um zehn Prozent steigt, ist die unabhängige Gemeinde Hürth Geschichte.

Stadtbezirk Ehrenfeld ist relativ klein und enthält im Nordwesten Kölns natürlich den Stadtteil Ehrenfeld, des weiteren Neu-Ehrenfeld, Vogelsang, Bickendorf, Bocklemünd, Mengenich und Ossendorf. Ehrenfeld ist einer der beliebtesten Wohnorte. Eine Empfehlung soll das aber nicht sein. Die Leute in Ehrenfeld haben es schwer. Die bezahlen recht hohe Mieten allein dafür, daß sie in einem heruntergekommenen Pseudo-Kiez wohnen dürfen, dessen enge Gassen Assoziationen ans Warschauer Ghetto in einem aufkommen lassen und in dem die Kriminalität recht hoch ist. In anderen Städten bezahlt man hohe Mieten, um in feudalen Nobel-Vierteln zu leben, aber nicht so in Köln, der locker-flockigen Spaß-Metropole. In Köln gilt es als letzter Schrei, in unmittelbarer Nachbarschaft zu kettenrauchenden Kampfhundbesitzern und drogensüchtigen Sportwagenprolos zu wohnen, die beide auf Körperhygiene nur symbolischen Wert legen. Daß die Grünen hier sehr gute Wahlergebnisse erzielen, ist eigentlich überraschend, aber auch das beste Zeugnis dafür, wie volksnah und nahezu ideologiefrei die Kölner Grünen zu Werke gehen.

Die verkehrspolitische Sprecherin der CDU bezeichnete Ehrenfeld kürzlich als »einzige unzumutbare Verkehrskatastrophe«. Die Venloer Straße, so was wie die Prachtmeile von Ehrenfeld, ist leider, wie alle Straßen im alten Köln, viel zu schmal. Und da sie gleichzeitig eine wichtige Einkaufsmeile darstellt, können Sie sich vorstellen, wie lustig es dort zugeht. Da braucht nur ein einziger Lastwagen, der Ware abliefert, in der »zweiten Reihe« zu parken, und schon bilden sich lange Staus. Die zweite Reihe ist nämlich nichts anderes als die Fahrbahn. Und da die erste Reihe in beiden Fahrtrichtungen in der Regel zugeparkt ist, *gibt es* im Prinzip überhaupt keine Venloer Straße. Denn die Essenz einer Straße besteht ja eigentlich darin, daß Autos darauf fahren. Um diesen Mißstand zu beseitigen, haben alle Parteien Vorschläge gemacht, die in ihrer Undurchführbarkeit durch nichts zu überbieten sind. Wir ersparen Ihnen das.

Fazit: Das Preis-Leistungs-Verhältnis von Ehrenfeld stimmt nicht: Zu hohe Mieten für zu wenig Komfort. Es wird dringend abgeraten, sich hier niederzulassen, es sei denn, Sie haben kein Auto. Dann können Sie mit der U-Bahn gemütlich unter dem Verkehrschaos durchfahren und sich totlachen.

Der Stadtbezirk Lindenthal liegt zwischen Ehrenfeld und Rodenkirchen und sieht auch so aus. Stellen Sie sich also einfach eine Kombination aus beidem vor, dann wissen Sie Bescheid. Die Stadtteile heißen Lindenthal, Braunsfeld, Horbell, Junkersdorf, Klettenberg, Lövenich, Marsdorf, Müngersdorf, Sülz, Weiden und Widdersdorf. Die Mieten in diesem Bezirk sind sehr hoch, warum weiß keiner. Spötter meinen, das liege daran, daß die FDP hier so stark ist – in Junkersdorf und Müngersdorf werden regelmäßig zweistellige Ergebnisse eingefahren. Auch für die CDU ist dies der beste Bezirk. Die Dürener Straße wird gerne als Einkaufsmeile bezeichnet, aber dies ist weit von der Realität entfernt.

Mit der Kriminalität ist das ein bißchen schwierig in Lindenthal: Statistisch zwar am unteren Ende der Skala, haben manche den Verdacht, daß viele Raubdelikte gar nicht mehr gemeldet werden. Eine Lehrerin aus Lindenthal wurde innerhalb von neun Jahren neunzehn Mal beraubt. Die Erzieherin meinte: »Ich melde das schon gar nicht mehr bei Polizei oder Versicherung – die zahlt eh keinen Pfennig mehr!« Besonders bezeichnend auf dem Gebiet der Gewaltdelikte: Um 27 Prozent schnellte die Zahl der Körperverletzungen in Lindenthal innerhalb eines Jahres nach oben. Offensichtlich gab es da gewaltiges Nachholpotential.

Lindenthal insgesamt bewegt sich jenseits von Gut und Böse. Durch das Gewerbegebiet Marsdorf hat man eine hervorragende Alternative zur Innenstadt, die allerdings nur für Autofahrer erreichbar ist, die öffentliche Verkehrsanbindung ist völlig unzureichend. Ob das die hohe Miete rechtfertigt, muß jeder selber wissen.

Der kleine Stadtbezirk Nippes im Kölner Norden (östlich von Ehrenfeld) enthält außer Nippes noch so hübsche Sachen wie Bilderstöckchen, Longerich, Mauenheim, Niehl, Riehl, Weiler und Weidenpesch. Über Nippes behaupten manche Unholde, es sei ein bißchen langweilig. Das ist natürlich nicht wahr (und das sagen wir nicht nur, weil unsere in Nippes lebende Lektorin drauf bestanden hat).

Es gibt eine Einkaufsmeile, die sich aber kein Bein ausreißt und unter dem für Köln üblichen Verkehrsaufkommen leidet. Zum Lärm der Neusser Straße gesellt sich zudem in der Nähe des Leipziger Platzes ein viertelstündiges Glockengeläut, welches selbst am Wochenende um sieben Uhr beginnt und auch den gottesfürchtigsten Nippesianer zum Atheismus bekehrt. Trotzdem ist Nippes ein sympathischer, leicht spießiger Bezirk mit recht angenehmem Flair. Schön ist der Bezirk allerdings nicht, es gibt sehr wenig Grün (allerdings sehr viele grüne Wähler, was uns einmal mehr verwirrt). Dafür gibt's eine Pferderennbahn und einen großen Hafen. In der Kriminalität ist man nicht besonders engagiert und verbricht so vor sich hin. Die Wohnungsmieten befinden sich im oberen Mittelfeld und die Architektur ist insgesamt recht gemütlich (wenngleich auch mit ein paar obszönen Entgleisungen). Insgesamt eine Empfehlung für junge Familien und ältere Leute. Ideal für Szenegänger und Alternative, die langsam in die Jahre kommen.

Der Stadtbezirk Innenstadt ist der flächenmäßig kleinste und beinhaltet neben der Altstadt und der Neustadt seltsamerweise das rechtsrheinische Deutz. Die linksrheinische Innenstadt ist rappelvoll; sie gehört zu den dichtbesiedelsten Innenstädten Europas, obwohl es schweineteuer ist, dort zu leben (insbesondere in der Südstadt, einem schwer zu definierenden Königreich, ähnlich dem Teletubbieland). In anderen Großstädten kann man in der City kaum noch wohnen, in Köln eigentlich auch nicht, aber man tut es halt trotzdem. Es läßt sich gut damit angeben und steigert das Selbstwertgefühl ungemein. Normalverdiener können allerdings nie in Urlaub fahren. Und Autofahrer müssen sich nicht nur durch einen Shoppingverkehr, sondern auch durch einen Privat-, Berufs-, Taxi- und Mal-eben-Zigaretten-hol-Verkehr durchschlagen. Außerdem ruiniert die starke Bevölkerungsdichte über kurz oder lang die schöne Kölner Kneipen-Szene: Das Kölner Jazz-Geschehen zum Beispiel trocknet bereits aus – mangels Auftrittmöglichkeiten. Denn immer mehr Kneipen und Discos müssen schließen, weil sich Anwohner über den Lärm beschweren. Verblüffenderweise kommt man den Beschwerden gegen die Kneipen nach, während über Porz weiterhin nachts schwere Frachtflugzeuge donnern dürfen. Aber vermutlich ist der Schlaf der City-Bewohner einfach kostbarer als der der Porzer. Warum verlegt man die Jazz-Szene nicht einfach nach Porz? Das ist doch bei denen dann eh wurscht. Eigenartigerweise ist die Luxus-Wohngegend Innenstadt das absolute El Dorado der Grünen. Wir wissen nicht, was die Grünen für die Innenstadt tun, klassische Gebiete wie Umwelt und Bekämpfung des Auto-Wahns scheinen sie jedenfalls nicht zu interessieren. Aber nicht alles an den Grünen ist schlecht, sie haben immerhin die Radwege gebaut.

Beim Thema Kriminalität müssen Sie stark sein. Ein Drittel aller Raubdelikte der ganzen Stadt werden in diesem kleinen Bezirk verübt. Gewiß, hier gibt es eben sehr viele Geschäfte, und die Privatwohnungen sind auch ein hehres Ziel für Einbrecher, denn hier wohnen nur gutbetuchte Menschen oder zumindest Menschen, die sich beim Kauf von teuren Statussymbolen hoffnungslos verschuldet haben. Aber dies ist wohl keine Entschuldigung dafür, daß die Innenstadt mit Abstand an der Spitze bei Körperverletzungen liegt. Irgend etwas scheint es hier zu geben, was die Menschen besonders aggressiv macht. Wir haben da eine Theorie: Gehen Sie mal an einem belebten Tag durch die Hohe Straße, oder versuchen Sie, in der Südstadt einen Parkplatz zu finden. Sie werden eine exorbitante Persönlichkeitsveränderung durchleben. Nehmen Sie bitte keine Waffe mit.

»Wenn sich Autohasser amüsieren wollen, gehen sie in die Südstadt«

Kommen wir nun endlich zu dem Begriff *Veedel* und was er bedeutet. Das ist ein kleiner Teil eines Stadtviertels, der aufgrund seiner Struktur einen eigenen Namen bekommen hat, vergleichbar mit dem Ruhrgebiet oder der Zone. Solche *Veedel* gibt es hauptsächlich in der Innenstadt, zum Beispiel Eigelstein und Friesenviertel, die man um die Eigelsteintorburg am Ebertplatz bzw. am Friesenplatz findet. Man muß sie zusammen nennen, um dem Leser die Frage zu beantworten, die ihm gewiß seit der ersten Seite auf den Nägeln brennt und wegen der er das Buch vermutlich überhaupt gekauft hat:

WO SIND DIE NUTTEN?
Nun, dortselbst. Außerdem kann der Frauenschürfer im Bereich Ebert- und Rathenauplatz fündig werden, gläubige Christen fühlen sich vielleicht an St. Angela am wohlsten. Im Moment sind in Köln sechstausend Prostituierte beschäftigt, die achtzehntausend Kunden pro Tag abfertigen – ein für Köln nur bedingt typischer Arbeitseifer. Etwa vierhundert der professionellen Genitalmasseusen arbeiten am Eigelstein und im Friesenviertel. Dies hat historische Grundlagen, die bis ins Mittelalter zurückreichen. Die Kölner sind sehr geschichtsbewußt, auch wenn es nur ums Ferkeln geht. Das macht diese Bezirke zumindest für Männer oberflächlich betrachtet zu attraktiven Wohngegenden, aber seien Sie gewarnt: Als Anwohner dort kann man sich schnell durch ein Phänomen namens »Freiersuchverkehr« belästigt fühlen, wenn die erektionsbehinderten Gesellen mit ihren Wagen durch die Straßen kurven. Sollten Sie eine Frau sein, machen Sie sich dort auf interessante Abendspaziergänge gefaßt.

Immer wieder werden Sie außerdem aus den Wohnungsanzeigen und von Köln-Erfahrenen fasziniert von dem prominentesten *Veedel*, dem sogenannten »Belgischen Viertel« hören. Keine Angst, das hat seinen Namen nicht, weil da besonders viele Kinderschänder wohnen. Nein, nein. Also, zumindest nicht nach unserem Kenntnisstand. Im wesentlichen verdankt das Viertel seinen Namen den darin enthaltenen Straßennamen, die sich auf belgische Städte beziehen, wie die Antwerpener, Brüsseler, Lütticher Straße usw. Das Belgische Viertel ist absolut hip, angesagt, voll cool, unsagbar häßlich, total im Trend, mit einem Wort: schweineteuer. Die Straßen sind verdreckt, die Gebäude allesamt stark renovierungsbedürftig, und an jeder Ecke steht entweder ein Döner-Gourmettempel, eine abends überfüllte Szenekneipe mit schallmauerdurchbrechenden Getränkepreisen oder ein Fachgeschäft für Cannabis-Bedarf. Für jeden linksintellektuellen Szenegänger also das reinste Paradies. Praktisch alle angesagten Clubs und Kneipen befinden sich hier, und am Samstagabend können Sie mit einem halben Dutzend Menschen spontanen Geschlechtsverkehr haben, während sie sich einfach nur durch den Pulk der Kneipengäste in Richtung Toilette wühlen.

Fazit: Die Innenstadt als solche ist als Wohnort für Imis im Prinzip nicht zu empfehlen. Wenn Sie zu viel Geld haben, mit drei Stunden Schlaf auskommen und sich ab und zu gerne ausrauben lassen, ist es aber doch einer Empfehlung wert.

Tip für Imis!

Die Kölner gehen am liebsten in ihrem eigenen *Veedel* aus. Das sollte man als Imi nicht kritiklos übernehmen. Da wird doch dem Inzest Tür und Tor geöffnet! Experten führen auf diesen Umstand auch die mysteriöse Kleinwüchsigkeit der alteingesessenen Kölner zurück. Die Kölner und ihre Familien bleiben ihr Leben lang im selben Viertel hocken, und plötzlich ist man ahnungslos mit der Kusine der eigenen Urgroßmutter im Bett! Und wenn man mit der ein Kind macht, kann es sehr, sehr häßlich werden – wortwörtlich. Also: Wechseln Sie im Laufe Ihres Lebens ab und zu das *Veedel*, Ihre Enkel werden es Ihnen danken, wenn sie an jeder Hand fünf Finger haben.

Stadtbezirk Mülheim beinhaltet den gesamten rechtsrheinischen Norden, im einzelnen: Mülheim, Stammheim, Buchheim, Buchforst, Dellbrück, Dünnwald, Flittard, Höhenhaus und das schöne Holweide. Von der Struktur her ist der Stadtbezirk Durchschnitt, es gibt sowohl Arbeiterviertel wie den Stadtteil Mülheim, aber auch gediegene Oberer-Mittelstand-Viertel wie Holweide und Dellbrück, wo man sogar regelrechte Luxusvillen findet, und zwar inmitten idyilischer grüner Landschaften. Mülheim hat in bezug auf den Ausländeranteil einen ähnlichen Status wie Chorweiler, besitzt sogar eine richtige moslemische Gemeinde; Köln wird übrigens auch als »Hauptstadt des Islams« in Deutschland bezeichnet. Seit den 98er Kommunalwahlen regiert die SPD in Mülheim nicht mehr allein, sondern zusammen mit den Grünen. Das ist vermutlich – ohne Partei ergreifen zu wollen – ganz gut so, denn die oppositionelle Mülheimer CDU ist für sich allein genommen ein äußerst eigenartiger Verein. So ist vor kurzem der Christdemokrat Hilgers, der fünfzig Jahre lang der Partei angehört hatte und sogar Fraktionsvorsitzender war, aus der CDU-Fraktion ausgetreten. Hilgers war der einzige, der sich öffentlich von einer Anfrage seiner Fraktion distanziert hatte, die von den übrigen Parteien als »fremdenfeindlich« verurteilt worden war. Die CDU meinte, für viele Bürger sei es ein Problem, daß »es Straßenzüge gibt, in denen kaum noch Deutsche wohnen«. Trotzdem verwahre man sich gegen den Vorwurf der Fremdenfeindlichkeit. Aber ehrlich, wie leicht man aber auch mißverstanden werden kann.

Über die Kriminalität in Mülheim kann man das sagen, was man über jede Region mit hoher Arbeitslosigkeit sagen kann: Wo die Menschen wenig Geld haben, greifen sie zu Selbstmaßnahmen (überraschenderweise gilt das auch für Deutsche). Was die Einkaufssituation angeht, muß man für Mülheim eine klare Empfehlung abgeben. Die Shoppingmöglichkeiten in dem Stadtteil selbst sind zwar fast so desaströs wie in Ehrenfeld oder Lindenthal: Es gibt eine viel zu enge Einkaufsmeile mit billigen Geschäften und bescheuerten Fußgängerampeln. Dafür jedoch am Wiener Platz immerhin eine Art Einkaufszentrum, welches allerdings wenig Produktives enthält, wie zum Beispiel circa zwanzig Telefonläden.

Tip für Imis!

»Leverkusen« heißt das Zauberwort für alle, die die Einkaufssituation in Köln nicht mehr aushalten und die gerne ungestört durch eine breit angelegte Fußgängerzone mit noch breiterem Angebot flanieren möchten, die richtiges Shopping ohne Hektik und Gewühl genießen wollen und alle Besorgungen in einem Rutsch erledigen möchten. Die Leverkusener Fußgängerzone in Stadtteil Wiesdorf (direkt am Bahnhof) hat zwei große Kaufhäuser, Modehäuser aller Preiskategorien, ein komplett überdachtes Einkaufszentrum für den kleinen Geldbeutel, zwei große Elektronikläden inklusive Saturn, ein sehr großes Kino und sehr gemütliche Cafés und Lokale, in denen immer Tische frei sind. Und das alles in einer geschmackvoll und geräumig konstruierten Fußgängerzone, in der kein heilloses Gedränge herrscht und auch keine Autos durchfahren. Lediglich eine schöne große Buchhandlung mit Lesesesseln und einer kleinen Bar geht uns dort noch ab. Für so was müssen Sie weiterhin zum Kölner Neumarkt tingeln.

85

»Fußgängerzone Leverkusen – Wo sind denn die Autos?«

Wer im Nordosten wohnt, kann sich auch in Bergisch-Gladbach umsehen. Das Angebot ist dort zwar nicht so gut wie in Leverkusen, aber dafür ist die Fuzo wirklich schön und eignet sich besonders für den kleinen gemütlichen Einkaufsbummel. Angrenzende Kölner kommen dort bedeutend besser auf ihre Kosten als in Mülheim oder Kalk.

Stadtbezirk Kalk stellt die Mitte des rechtsrheinischen Köln dar und erstreckt sich auf Kalk, Brück, Neu-Brück, Humboldt-Gremberg, Rath/Heumar, Höhenberg, Merheim, Ostheim und Vingst. Kalk leidet wie Mülheim unter einer hohen Arbeitslosigkeit (und der analogen Kriminalität) und ist ohnedies als das absolute Proll-Viertel Kölns verschrien – und damit natürlich SPD-Hochburg. Es ist zum größten Teil ein Arbeiterbezirk, und da Arbeit für linksrheinische Kölner etwas grundsätzlich Anrüchiges ist, lassen sich diese hier auch niemals blicken. Der Vorteil ist, daß im Stadbezirk Kalk die Wohnungsmieten die niedrigsten der Stadt sind, und das obwohl Rath/Heumar ein äußerst schönes Villenviertel direkt am Königsforst besitzt. Die Einkaufssituation ist langweilig – wir haben noch nie so viele Billig-Ramschläden wie in der Kalker Hauptstraße auf einem Fleck gesehen. Kalk steht jedoch im Zentrum einiger Modernisierungsvorhaben, die vielleicht auch tatsächlich durchgeführt werden, so in fünfzig oder sechzig Jahren. Wenn Sie nicht so gut bei Kasse sind, ist das preiswerte Kalk durchaus eine Überlegung wert. Allerdings sollen sich Drogenabhängige, die aus der Innenstadt vertrieben wurden, hier besonders gerne aufhalten. Wir wissen nicht, ob dies nur linksrheinische Vorurteile oder Tatsachenbehauptungen sind, aber nun ja: Sollten Sie gerne mal ein bißchen Ihr Leben für ein paar Minuten Rausch ruinieren wollen, können Sie sich in Kalk sicher ein paar Kataloge zuschicken lassen. Sollten Sie selber Drogendealer sein, so ist die Konkurrenzsituation vielleicht zu hart. Versuchen Sie es mal in Hahnwald.

Wenn es nach dem Willen der Stadt gegangen wäre, müßte man an dieser Stelle auch noch den Stadtteil Wesseling erwähnen. Da es aber nicht nach dem Willen der Stadt ging, sondern nach dem der Wesselinger, wurde der Ort ein Jahr nach der Eingemeindung 1976 wieder ausgemeindet, wodurch Köln den Status als Millionenstadt wieder verlor, um den es noch heute verbissen kämpft. Dieses Probejahr der Wesselinger endete wie das bei manchen Zeitschriftenabonnements: Man hat es mal ausprobiert, war ganz nett, aber nicht doll, also kündigt man wieder und behält den geschmackvollen Kugelschreiber.

Tip für Imis!

Sollten Sie finanziell nicht auf Tulpen gebettet sein und vielleicht in absehbarer Zeit einen Kredit benötigen, sollten Sie nicht nach Kalk, Ehrenfeld oder Chorweiler ziehen. Insassen dieser Bezirke bekommen nämlich von der Kölner Stadt-Sparkasse das Kainsmal »Zweifelhafte Bonität« verpaßt. Ganz egal, wie hoch der jeweilige Kontostand ist. Vermutlich befürchtet die Sparkasse, die Kreditwürdelosigkeit mancher Nachbarn könnte auf andere abfärben oder so, keine Ahnung, quasi wie ein Virus. Das ist eben noch gelebte kölsche Volksnähe – sogar Vorurteile werden hier zur Geschäftspolitik. Wo sonst in Deutschland wäre so was noch vorstellbar?

Organisation
für Imis

In diesem Kapitel werden die Strukturen, Mechanismen und Befindlichkeiten der schönsten Domstadt am Rhein (ganz recht: Köln) genauer veranschaulicht. Es ist von entscheidender Bedeutung für Imis, sowohl für diejenigen, die sich schnellstens anpassen wollen, als auch für jene, die Wert auf ein Minimum an Lebensqualität legen. Ob die nach diesem Kapitel überhaupt noch nach Köln wollen, bleibt zu hoffen. Seien Sie einfach optimistisch!

Mediterrane Lebensfreude

Köln wird immer wieder gern als »nördlichste Stadt Italiens« bezeichnet. Aus diesem Anspruch leitet sich auch ein besonderes »mediterranes Lebensgefühl« ab, das wir hier durch einige Beispiele illustrieren wollen.

Wer im November vergangenen Jahres ins Rechtsrheinische zog, konnte verblüfft feststellen, daß die Stadtverwaltung einem sofort hinterherkam. Das Technische Rathaus siedelte nach Deutz um. Dadurch änderten sich natürlich auch die Rufnummern, und BUMSTI wußte niemand mehr, wo er anrufen sollte. Wahrscheinlich war das ein Trick der Beamten, um mal eine Weile vor den Leuten Ruhe zu haben. Clever. Der Regierungsumzug nach Berlin soll aus ähnlichen Gründen beschlossen worden sein.

Es gibt allerdings immer wieder Leute, die behaupten, das sei keine Absicht gewesen, sondern schlicht Blödheit, und weiten diesen unfairen Vorwurf gleich auf das ganze neue Rathaus aus, in dem es zugegebenermaßen etwas unorthodoxer keine Uhren gibt, weil Uhren »nicht mehr zeitgemäß« seien. Ebenso wie Uhren fehlen öffentliche Fernsprecher fast völlig. Die sind vermutlich ebenfalls nicht mehr zeitgemäß, weil ja nur Idioten heutzutage noch kein Handy haben. Als besonders zeitgemäß wird jedoch vor allem eines angesehen: Lungenkrebs. Deshalb darf man überall im Stadthaus hemmungslos rauchen. Und Sie werden feststellen: Nichts enthält mehr Poesie als die Halle eines nagelneuen Stadthauses, die mit Zigarettenstummeln übersät ist (die Aschenbecher sind natürlich leer). In allen anderen Städten dieses Landes wird Ihnen so was Schönes nicht geboten. Da haben diese armseligen Hinterwäldler Rauchverbot. Und bilden sich auch noch was drauf ein.

Das Rathaus soll die zugehörige Stadt repräsentieren. Unter diesem Gesichtspunkt muß man sagen, daß das Technische Rathaus in Deutz seine Aufgabe mit Bravour bewerkstelligt. Denn die eben aufgeführten Vorgänge lassen sich spielend leicht auf die gesamte Stadt übertragen.

Sollten Sie aus den Neuen Bundesländern nach Köln ziehen und alt genug sein, um sich noch an DDR-Bürokratie erinnern zu können, so werden Sie sich in der Kölner Stadtbibliothek (respektive den vielen, vielen, vielen Universitätsbüchereien) wie in alten Zeiten fühlen. Bombastische bürokratische Desorganisation, gepaart mit technischen Mängeln und einem geradezu surrealistisch bescheuerten Sortiment herrschen dort in einer bewundernswerten Perfektion vor, wie sie in einer anderen westdeutschen Stadt überhaupt nicht vorstellbar wäre. Zum Beispiel gibt es in der Zentralbibliothek nur eine Handvoll elektronischer Kataloge, die immer, immer, immer besetzt sind. Und wer ist schon Shakespeare? Von dem hat man insgesamt drei verschiedene Bücher, während unbekanntere Autoren ganze Regale füllen. Wenn ein Roman kein absoluter Bestseller ist, hat die Stadtbibliothek nur ein einziges Exemplar – nicht pro Filiale, sondern pro Stadt. Da die Bibliothek seit Jahren extreme Budgetkürzungen verkraften mußte, ist die Haupteinnahmequelle inzwischen die Bearbeitungsgebühr bei Buchreservierungen. Aber glauben Sie ja nicht, daß Sie aus einer Reservierung irgendeinen Vorteil herausholen könnten. Uns ist es passiert, daß ein Buch nach der Reservierung trotzdem vom vorherigen Ausleiher um drei Monate verlängert werden konnte. Aus dem einfachen Grund, weil die Zweigstelle Mülheim nicht mit der Zentralbibliothek vernetzt ist.

Hier lacht der Imi Die Zentralbibliothek von Köln ist abgebrannt. Verbrannt sind beide Bücher.
Und das zweite war noch nicht fertig ausgemalt.
Und das dritte war erst gar nicht im Sortiment.

Man hat supermoderne Selbstbedienungsterminals eingerichtet, an denen der Kunde seine Bücher selbst ausleihen und zurückbringen kann. Also, so lautet zumindest die Theorie. Die Praxis sieht naturgemäß anders aus: Die Terminals funktionieren nur, wenn ihnen danach ist. Es kommt häufig vor, daß sie ein Buch verarbeiten können, ein zweites aber plötzlich nicht. Natürlich will niemand seine Zeit mit einer so unzuverlässigen Maschine verschwenden. Ergebnis: Es bilden sich lange Schlangen an den wenigen Schaltern, und zwar jeden Tag, wie vor der Wildwasserfahrt im Phantasialand. Wenn Sie das Schlangestehen vermeiden wollen, kommen Sie montags: Da ist nämlich geschlossen. Das alles hat seinen Ursprung in der seit Jahren fortwährenden Ansicht der Kölner Politik, daß das Lesen von Büchern im Grunde einen völlig überflüssigen Luxus darstellt (Luxus allein schon dadurch, daß der Jahresbeitrag inzwischen auf stolze vierzig Mark angehoben wurde). Die Stadtbibliothek mußte deshalb viele Millionen in den letzten Jahren einsparen. Das führte unter anderem dazu, daß kein Mensch mehr in die Zweigstellen der Bezirke geht, sondern wirklich *alle* in die Zentralbibliothek am Neumarkt. Denn nur dort hat man wenigstens geringe Chancen, das Buch, das man sucht, auch zu finden. Deshalb ist die Zentralbibliothek ständig überfüllt, während in den Bezirken gähnende Leere herrscht. Die Bibliotheken in Bocklemünd-Mengenich, Neubrück und Braunsfeld sollen sogar ganz geschlossen werden. Bei zu erwartenden weiteren Etatkürzungen in den nächsten Jahren wird es bald wohl nur noch die Zentralbibliothek geben – und man kommt nur noch nach zweiwöchiger vorheriger Anmeldung rein. Für eine Millionenstadt unterm Strich eine doch etwas blamable Entwicklung. Andererseits braucht man ja die öffentlichen Gelder für andere Zwecke, zum Beispiel für Dienstwagen der Ratsleute. Aber na ja, wir wollen keinen Sozialneid schüren.

Höchstens ein bißchen. Der Kölner Express prangerte im Mai 2000 die »Geld-Verschwender im Kölner Rathaus« an und postulierte: »Köln muß vom Ruhrpott lernen.« Lernen? Köln? Von anderen? Jedermann weiß: Wenn der Express so etwas schreibt, dann muß aber irgendwo wirklich der Notstand ausgebrochen sein. Der Bund der Steuerzahler (»Kölns Ratspolitiker neigen zur Selbstbedienung«) rechnete vor, daß der Rat ohne große Anstrengung 750.000 Mark einsparen könnte – zum Beispiel indem man einfach auf die Dienstwagen inklusive Chauffeure verzichtet. Köln ist nämlich die einzige Stadt in NRW, die den Ratsfraktionen Dienstwagen zur Verfügung stellt und die Taxikosten trägt. Bei der Höhe der Kosten für die Fraktionshilfen liegt Köln NRW-weit mit 7,2 Millionen Mark mit weitem Abstand an der Spitze, auch bei der Umrechnung der Ausgaben pro Einwohner ist Köln bei den Kosten einsam auf dem Gipfel. Insgesamt kann man sagen, daß die Politiker Kölns dreizehn Prozent teurer sind als in allen anderen Großstädten in NRW. Ein Grund für die Kölner, stolz zu sein – hier leistet man sich keine Billigpolitiker. Höchstens eine Billigstadtbibliothek, Billigschulen, Billigsozialleistungen, Billigeinkaufsmeilen und Billiggefängnisse. In Köln weiß man noch, was wirklich wichtig ist.

Apropos Schulen. Sollten Sie Kinder mit nach Köln bringen oder sich mit dem Gedanken tragen, sich hier mit einem Kölner zu kreuzen, so sollten Sie sich das gut überlegen. Köln ist zum Beispiel bei Hortplätzen »kolossal unterversorgt«, wie sich der Jugendamtsleiter ausdrückte. Und wenn Sie der Meinung sind, daß zu einem vernünftigen Heranwachsen auch ein regelmäßiger und adäquater Schulbesuch gehört, sieht's noch einen Tick finsterer aus. Schulunterricht findet nämlich in Köln inzwischen nur noch in Ausnahmefällen statt. Das liegt vor allem daran, daß der Kölner äußerst kreativ darin ist, zusätzliche unterrichtsfreie Feiertage zu erfinden und die Tage dazwischen gleich mit zu Feiertagen zu erklären (»Brückentage«, zum Beispiel der Freitag nach Weiberfastnacht oder Christi Himmelfahrt). Das erklärt auch, warum praktisch jeder Schüler in Köln dafür prädestiniert ist, Viva-Moderator zu werden. Was die Schulen selbst angeht: Diese entwickeln eine immer größere Ähnlichkeit mit von Cruise Missiles zerbombten Luftschutzbunkern. Der Putz bröckelt allerorts, Schmutz, Rost, Gilb, Moder, versiffte Toiletten, kaputte Heizungen und abgeblätterte Farbe gehören zum sine qua non.

Tip für Imis!

Wenn Ihre Kinder tierlieb sind, kann man unbedingt die Hauptschule am Griechenmarkt empfehlen. Dort wird der anhängige Garten nicht mehr wie früher von den Schülern bewirtschaftet, weil diese Angst vor den Ratten in »Kaninchengröße« haben, wie der Schulleiter berichtete. Auch Mäuse und Kakerlaken fühlen sich dort und in den anderen Kölner Schulen pudelwohl, und das, obwohl allein 1999 sechsmal die städtische Desinfektionsstelle vor Ort war. Vielen Jugendlichen von heute gefällt es, hat es doch einen gewissen kultigen Trash-Ghetto-Faktor. Nur die Eltern hören nicht auf zu meckern, bloß weil der Sprößling schon wieder eine süße Drei-Kilo-Ratte namens »Spike X« aus der Schule mitgebracht hat, die obendrein auch noch ziemlich fade schmeckt.

Viele Eltern streichen inzwischen eigenhändig Schulwände, was im Prinzip eine grandiose Lösung darstellt, die man auch auf andere Gebiete ausweiten sollte. Warum zum Beispiel bauen sich die Kölner ihre Umgehungsstraßen nicht einfach selber? Oder graben U-Bahntunnel? Oder renovieren den Dom? Hey, das ist doch armselig, wenn die faulen Bürger die ganze Arbeit der Stadtverwaltung überlassen. Die kann sich doch nicht um jede blöde Kleinigkeit kümmern. Eine schrecklich peinliche Untertanen-Einstellung, über die sich Guido Westerwelle gewiß furchtbar aufregen würde. Wo bleibt denn die Eigenverantwortung!

Jedenfalls nicht in Köln. Das Verhältnis der Kölner zur Arbeit an sich ist sowieso ein schwieriges Thema. Dieses Verhältnis ist kompliziert, voller Spannungen und nie ganz frei von für den Imi äußerst frustrierenden Erfahrungen. Wir haben es bereits angedeutet: Die organisatorische und kreative Arbeit in Köln sollte grundsätzlich von Imis gemacht werden, und das geschieht auch meistens so. Trotzdem muß man ja auch die Kölner mit irgendwas beschäftigen. Was nicht so leicht ist. Der Kölner – vom Wesen her gutherzig, freundlich, sympathisch – ist zum Arbeiten entweder zu ehrgeizlos, zu faul oder zu doof. Das mag jetzt etwas hart klingen, ist aber nicht so gemeint. Für den Kölner gibt es einfach – für Deutsche äußerst untypisch – Wichtigeres als die Arbeit. Man möchte angenehm leben, möglichst jeden noch so kurzen Weg mit dem Auto zurücklegen und den lieben Gott einen guten Mann sein lassen, »denn der Kölner an sich empfindet von jeher den Vorwurf der Faulheit als Kompliment« (Jürgen Becker). Besonders hübsch wird dies in August Kopischs beliebtem Gedicht »Die Heinzelmännchen von Köln« veranschaulicht, in dem behauptet wird, daß die Heinzelmännchen nachts immer die Arbeit der Kölner erledigt haben, bis die kleinen Helferlein eines Tages verschwanden. Ein Schock, von dem sich Köln noch immer nicht ganz erholt hat.

Trotzdem – mit irgendwas muß ein Kölner ja seine Käse-Senf-Brötchen verdienen. Und das führt dann für Imis zu unheilvollen Begegnungen der vierten Art – zu Begegnungen mit echten Kölnern. Es folgen ein paar willkürliche Beispiele.

Da war jener Kranführer, der im Februar 2000 ein bißchen zu wenig Gegengewicht gesetzt hat, woraufhin sein Kran voll in ein Wohnhaus reinkrachte. Die plausible Erklärung des Kranführers lautete: »Jeder macht mal 'nen Fehler.« Richtig: Jeder vergißt mal seine Armbanduhr im Schwimmbad. Jeder kauft mal ein Fahrrad, das er dann nie benutzt. Jeder schrammt beim Einparken mal ein anderes Auto an. Und jeder läßt mal aus Versehen einen Fünfzehn-Tonnen-Baukran auf ein Wohnhaus plumpsen. So was passiert eben.

Oder das beliebte UFA-Kino am Ring: Die haben zehn Leinwände – und *einen* Filmvorführer. Das artet dann dergestalt aus, daß man zunächst einmal eine halbe Stunde im Dunkeln verbringt, weil nicht einmal das Notlicht eingeschaltet ist. Nach einer Weile behebt jemand das Problem, und irgendwann erscheint auch der Filmvorführer. Trotz der halbstündigen Verspätung muß man sich natürlich trotzdem die Werbung ansehen. Dann beginnt der Film – allerdings ohne Ton. Nach dreimaligem Nachfragen, ob dies ein Stummfilm sei, bequemt sich der Filmvorführer, den Ton herzustellen. Der Film beginnt noch mal – und verreckt nach zwanzig Sekunden.

Beispiel Commerzbank: Die Filiale in Leverkusen hat werktags durchgehend von neun bis sechzehn Uhr geöffnet, und auch in Düsseldorf müssen die armen Mitarbeiter ohne Mittagspause bis sechzehn Uhr schuften. Das heißt, es gibt natürlich eine Mittagspause, aber dennoch bleibt der Laden geöffnet, genau wie bei Supermärkten, Tankstellen, Einzelhandelsgeschäften und Pornoläden. Eine asoziale Entwicklung, die sich in Köln zum Glück nicht fortgesetzt hat: Hier gibt es – sogar in den wichtigsten Filialen – für die Bankangestellten eine richtige Mittagspause von dreizehn bis vierzehn Uhr, in der die Filiale geschlossen bleibt. Eine liebenswert altmodische Angewohnheit, die sogar einer tristen, kalten Bankfiliale den Charme eines Tante-Emma-Ladens in Tulpenhausen-Süd verleiht. Das nennen wir eine gelebte soziale Kultur!

Bei Saturn im Kaufhof dauerte eine simple Rückgabeaktion für funktionsunfähige Software anderthalb Stunden. Es war sehr schwer, den zuständigen Menschen davon zu überzeugen, daß das betreffende Computerspiel so schlecht programmiert ist, daß es nur unter einer ganz bestimmten Computer-Konfiguration, über die man nicht verfügt, überhaupt zum Laufen gebracht werden kann. Erst nach einem Telefonat mit der Herstellerfirma, die das Problem bestätigte, rückte man kleinlaut eine Gutschrift raus (die für einen Walkman eingesetzt wurde, der nach zwei Wochen zur Reparatur mußte). Unser Vorschlag, die Kunden auf die Konfigurationsprobleme mithilfe eines Hinweisschildes aufmerksam zu machen, wurde höflich ignoriert.

Ähnliches kann man in einer Videothek an der Barbarossakreuzung erleben. Dort hat man sehr eigene Vorstellungen davon, was ein »Filmpaket« ist. Der gemeine Imi versteht darunter eine Sammlung von drei oder vier Videos, die man auf einmal ausleiht und auf einmal zurückgibt, und das kostengünstig. Diese Videothek versteht darunter eine Sammlung von drei oder vier Videos, die man zwar auf einmal ausleiht, aber jeden Film gesondert zurückgeben muß, denn wenn ein sogenannter »Top-Film« darunter ist, muß er früher zurückgegeben werden, sonst muß man einen dreistelligen Betrag nachzahlen. Durchtriebenerweise wird dem Kunden dies beim Ausleihen nicht gesagt. Und wenn man sich über diese recht eigenwillige Form der Kundenfreundlichkeit mokiert, bekommt man eher unkooperative Antworten (»Also, ich hab jetzt keinen Bock, mir das anzuhören, ja?«). Diese gibt einem dafür aber immerhin der Chef persönlich, denn die einfachen Angestellten sind von dieser Regelung genauso überrascht wie der Kunde, der danach freilich nie wieder dort aufkreuzt. Muß er auch nicht, es gibt Alternativen, zum Beispiel die Videothek im Mühlenbach, Mega Max in Junkersdorf, Video House in Deutz. Das nur so am Rande …

Sehr anschaulich kann man das »mediterrane Lebensgefühl« der Kölner auch in der Führerscheinstelle von Kalk erleben. Dort sitzen Sie erst einmal drei Stunden und warten, weil zwar mehrere Angestellte da sind, aber durch eine geschickte Aufgabenverteilung dafür gesorgt wird, daß einer immer besonders viel zu tun hat, während der andere sich die Fingernägel lackiert. Wenn Ihre drei Stunden rum sind, ist Mittagszeit, und die zuständige Angestellte fragt die Herumsitzenden, ob noch jemand zu ihr wolle. Alle nicken, und sie verkündet, daß sie nun also Mittagspause macht. Und weg ist sie. Beim nächsten Mal warten Sie wieder drei Stunden, um dann zu erfahren, daß Sie als Imi von Ihrer Heimatstadt eine Bestätigung benötigen, wenn Ihnen der Führerschein geklaut wurde und Sie ihn in Köln neu beantragen wollen. Das nächste Mal warten Sie wieder drei Stunden … na ja, lassen wir's dabei.

Quizfrage: Sie betreiben ein Schwimmbad, und einige Badegäste, darunter ein kleines Mädchen, klagen plötzlich über Atemprobleme und Augenbrennen wegen ätzendem Chlorgeruch. Was tun Sie? Genau: Sie sperren den betreffenden Bereich für eine halbe Stunde und warten ab, bis die Querulanten sich verzogen haben. Dann ereignet sich der nächste Vorfall, wieder bei einem kleinen Mädchen, und Sie sperren wieder den Bereich, in diesem Fall die Wasserrutschen. Dabei bemerken Sie nicht, daß Sie einen dreizehnjährigen Jungen in die Rutschröhren eingeschlossen haben. Nachdem der mit schweren Hustenkrämpfen ins Krankenhaus transportiert wurde, öffnen Sie die Rutschen natürlich wieder. Daraufhin klagen dann massenweise Besucher über Husten, tränende Augen und brennende Atemwege. Und dann? Tja, an der Stelle haben die Betreiber des Aqualands in Chorweiler an Pfingsten 2000 doch Polizei und Feuerwehr gerufen, nachdem sie festgestellt hatten, daß ihre Versicherung die Erblindung von sechzig Menschen nicht in vollem Umfang abdeckt. Aber diese Entscheidung war eindeutig ein Fehler: Daraus wurde dann ein Großeinsatz der Feuerwehr, mit Notärzten und Gasmasken, es gab zweiundfünfzig Verletzte, zweiunddreißig davon mußten ins Krankenhaus. Der Express machte gleich einen Zirkus, als wäre das Ganze irgendwie ungewöhnlich oder was. Zur Ursache spekulierte der Chef von *dat Janze*: »Wir sind doch kein Kommunalbad mit mieser Technik.« Drei Tage später stand fest: Richtig, die sind vielmehr ein privates Schwimmbad mit mieser Technik. Die komplette Impf- und Meßstelle mußte ausgetauscht werden. Dem Umsatz tat das eher nicht gut. Woraus wir lernen: Wenn man ein echter Kölner sein will, muß man auch die Courage haben, das durchzuziehen! Sonst ist es am Ende einfach nicht mehr so witzig.

Tip für Imis!

Vermeiden Sie es, am Wochenende krank zu werden, sonst laufen Sie Gefahr, auf der Notfallambulanz zu sterben. Immer mehr Menschen erstatten gegen Krankenhäuser Anzeige, weil sie mit schweren Erkrankungen und Verletzungen nicht oder erst nach langer Wartezeit behandelt wurden. Sogar wenn Sie mit dem Kopf unterm Arm hereinspazieren und das Blut fröhlich wie ein Springbrunnen aus Ihrem offenen Hals rausströmt, wird man Ihnen sagen: »Immer schön der Reihe nach.« So ließ man zum Beispiel eine 72jährige Frau, die einen Schlaganfall erlitten hatte, drei Stunden warten, woraufhin sie ins Koma fiel und bald darauf starb. Manche Kliniken können keine lebensrettenden Computertomographien machen, und die Labors sind auch häufig nicht besetzt, so daß zum Beispiel bei Vergiftungen keine Ergebnisse zu bekommen sind. Der Hauptgrund: Sparmaßnahmen. Schließlich braucht man in Köln das ganze Geld für Dinge wie Stadion-Neubau, Umgehungsstraßen, den Ausbau des Kölner Rings (allein dafür sechshundert Millionen); dafür ist sicher jeder Kölner bereit, sein Leben zu geben. Falls das für Sie nicht gilt, empfehlen wir Ihnen, am Wochenende in ein Krankenhaus in einer der umliegenden Städte zu gehen.

Angeblich liegt die Überlastung der Ambulanzen auch darin, daß viele Patienten lieber ins Krankenhaus gehen als zum Arzt, um Wartezeiten zu verkürzen. Das ist aber nur bedingt richtig. Der Hauptgrund, warum Menschen, die am Freitag krank werden, nicht mehr zum Arzt gehen, liegt darin, daß sie es nicht *können*. Freitag nachmittags arbeitet nämlich in Köln kein Arzt mehr. Nicht ein einziger. Als Imi werden Sie sich einen neuen Hausarzt suchen wollen, der nach Möglichkeit auch am Freitag nachmittag Sprechstunde hat. Wir wünschen Ihnen viel Glück, halten diese Suche jedoch für völlig aussichtslos.

Auch und besonders im Karneval schlägt die eher leistungsskeptische Denkweise der Kölner voll durch. Bruno Wüst, der Chef der »Großen Kölner«, so ziemlich des wichtigsten Karnevalsvereins, mußte zurücktreten – wegen fortschreitenden Erfolgs. Dieser Mensch hatte Frauen in den Vorstand geholt und dem Verein neue Einnahmequellen erschlossen. Logisch, daß ein solches Verhalten nicht länger toleriert werden konnte, denn schließlich könne man »eine Karnevalsgesellschaft nicht wie ein Unternehmen führen«, wie einige Mitglieder stilsicher kritisierten. Im Gegentum, in Köln werden Unternehmen wie Karnevalsgesellschaften geführt. So läuft das hier, Herr Wüst!

Wenn ausländische Besucher nach Köln kommen, haben sie grundsätzlich das Problem, daß es den Kölnern anscheinend gar nicht bewußt ist, daß es außer deutsch und kölnisch auch noch andere Sprachen gibt. In Straßenbahnen wird zwar in sieben Sprachen auf das »erhöhte Beförderungsgeld« bei Schwarzfahren hingewiesen. Was sehr zweckmäßig ist, denn wie man Fahrscheine *kauft*, wird den Touristen nur auf deutsch erklärt. Wenn jemand den peinlichen Versuch unternimmt, Angestellte des Reisebüros der Deutschen Bahn mit Fragen wie »Do you speak english?« zu belästigen, erntet der Eindringling aus der Dritten Welt nur ein »Nö«, gefolgt von einem gemurmelten »Soll ich vielleicht wegen Ihnen einen Kurs machen?«. So verfährt man hier mit Spinnern, die glauben, in einer Touristenmetropole würde man Wert auf Touristen legen. Dahinter steckt vermutlich immer noch die Einstellung des mittelalterlichen Köln, als man nicht einmal Juden oder Protestanten in die Stadt lassen wollte. Die Kölner sind stolz auf ihre Eigenständigkeit.

Ein besonders witziger Fall von kölschem Eigensinn kann man bei den vielen städtischen Fahrradständern bewundern, die in ganz Köln aufgestellt sind, allesamt gleich designed. Nett gemeint von der Stadt, den Radfahrern überall Gelegenheit zu bieten, sein Zweirad abzustellen. Nur leider: Es geht nicht. Die Fahrradständer sind im Grunde unbrauchbar, denn sie bieten dem Rad keinen Halt. Im Gegensatz zu den Fahrradständern in Leverkusen, die genau gleich gebaut sind, nur mit einem zusätzlichen Detail versehen: einer kleinen Halterung, in der man das Vorderrad verankern kann. So steht das Fahrrad fest auf dem Gestell. Wir wissen nicht, ob dies in Leverkusen klugerweise von Anfang an so war oder ob man nach reiflicher Überlegung die Halterungen noch drangelötet hat. Fest steht: Die Kölner machen gerne ihr eigenes Ding und scheren sich nicht um Konventionen. Leider manchmal aber auch nicht um den gesunden Menschenverstand. Aber macht nicht gerade das die Stadt so sympathisch? Wir finden: na ja, vielleicht.

Wir wollen zur Abwechslung auch mal positive Fälle nennen. Geradezu biblischen Arbeitseifer legten zum Beispiel einige Wehrmänner der Freiwilligen Löschtruppe Esch an den Tag. Sie löschten nicht nur viele Feuer, sondern verursachten sie sogar fortlaufend! Seit 1993 legten sie mindestens fünfunddreißig Brände (Schaden: rund achtunddreißig Millionen Mark). So viel Fleiß verdient doch wirklich mal Applaus. Dieser Fall bleibt aber eher die Ausnahme.

*»Rudolfplatz,
12:34 Uhr«*

Das wohl herausragendste Beispiel für die Probleme der Kölner mit Logistik und Betriebsabläufen subsumiert sich unter dem Oberbegriff »Stromausfall«. Im Februar 2000 gab es einen totalen Stromausfall in der Kölner Innenstadt, ausgelöst durch einen einzigen Kurzschluß bei der GEW. Fahrgäste saßen in der U-Bahn fest, andere in Aufzügen, Straßen wurden unpassierbar, weil die Ampeln ausfielen und weil Kölner Autofahrer immer eine Gelegenheit ergreifen, wenn sie eine sehen. Krankenhäuser schalteten auf Notstromaggregate um. Nur drei Monate später wurde es noch besser: Zuerst erlag das Druckzentrum des Kölner Stadt-Anzeigers einem Stromausfall, einen Tag später war der Kölner Hauptbahnhof dran. Ein einfacher Kurzschluß im Stellwerk sorgte dafür, daß Deutschlands bedeutendster Schienenknotenpunkt für Stunden lahmgelegt wurde. Das Lustige war, daß dies eigentlich nicht hätte passieren müssen, weil der kurze Stromausfall sofort durch die Notstromaggregate kompensiert wurde – allerdings viel zu stark, so daß sämtliche Sicherungen durchbrannten. So war also nicht der Defekt in der Stromzufuhr schuld am Stromausfall, sondern die schlechten Sicherheitsmaßnahmen. Stromausfälle im Netz der KVB kommen besonders häufig vor, aber auch in einfachen Wohnvierteln. Uns selbst ist es passiert, daß der Strom in der Straße gleich zweimal innerhalb weniger Wochen ausfiel – durch ein und dieselbe Ursache. Kölner machen Reparaturen beim ersten Mal prinzipiell gar nicht oder nur zum Schein. Die gläubigen Katholiken setzen immer auch gerne auf Wunder – daß sich ein Problem halt von selbst löst. Daß die Wunder nie eintreten, spricht für die Glaubensfestigkeit der Kölner.

Abschließend kann man sagen: Unter »mediterraner Lebensfreude« versteht der Kölner vor allem das völlige Ignorieren der Prinzipien Vernunft, Fleiß oder Kundenfreundlichkeit. Manche halten dies freilich für eine Beleidigung der Bewohner des Mittelmeerraums.

Über den Parteien

Der Kölner an sich interessiert sich nicht für Politik. Und zwar wirklich überhaupt nicht. Kein kleines bißchen. Nicht ein Milligramm, nicht ein Jota, kein Molekül seines Körpers interessiert sich für Politik. Die Wahlbeteiligung in Köln ist ausbaufähig, um mal einen Euphemismus zu bemühen. Wir wollen hier nicht die deprimierenden Zahlen der letzten Kommunal- und Landtagswahlen Revue passieren lassen. Sie treiben jedem aufrechten Demokraten die Tränen in die Augen. Trotzdem findet in Ausnahmefällen auch in Köln Politik statt. Dann allerdings in der Regel auf ganz andere Weise als im Rest des Landes. Aus diesem Grunde ist Köln durchaus für jeden politisch interessierten Menschen, egal welcher Glaubensrichtung, ein wirklich faszinierendes Plätzchen. Wir wollen Ihnen deshalb die wichtigsten Parteien der Stadt und deren Manierismen anhand einiger Sachthemen illustrieren.

Mit der FDP werden wir uns nicht lange aufhalten, die ist nämlich in Köln völlig bedeutungslos, weil eben sehr klassisch ausgerichtet. Die Liberalen haben keinerlei Profil, niemand weiß, was sie eigentlich machen, abgesehen von ihrer gottgewollten Berufung: der CDU zur Macht zu verhelfen. Insofern ist die FDP von allen Kölner Parteien noch die normalste. Ein Beispiel soll reichen: Bei der Frage, ob das Schwulen-Infanterieregiment »Christopher Street Day« über den Domvorplatz paradieren dürfe, zeigte sich die FDP ablehnend. Fraktions-Frühstücksdirektor Sterck später wörtlich: »Wir sind damals im Hauptausschuß der CDU und der Kirche gefolgt. Das war gegen unsere Überzeugung.« Überzeugungen sind aber etwas, was Freidemokraten grundsätzlich schlecht zu Gesicht steht – das kostet bloß Leihstimmen. Sie kennen das. So schafft die FDP für den Imi ein wertvolles Gefühl von Vertrautheit.

Die CDU ist da schon ein bißchen komplizierter. Sie regiert seit den turbulenten Kommunalwahlen '99 die Stadt zusammen mit den Grünen. Die FDP behauptet zwar, auch an der Regierung beteiligt zu sein, kann dafür aber keine Beweise vorlegen. Viele Leute sind ja nun der Meinung, daß Christdemokraten in Sachen Politik immer nur zwei Dinge im Kopf haben: Arbeitsplatzabbau durch Privatisieren und Sozialleistungen kürzen. Nun, diese Leute können sich freuen, denn in Köln werden diese Vorurteile eindrucksvoll bestätigt. Kaum war man an der Macht, wurden Pläne geschmiedet, um GEW, Flughafen, KVB, die rührige Telefonfirma NetCologne, Stadt-Sparkasse, Abfallwirtschaft und Köln-Messe an den Meistbietenden zu verscherbeln. Auf Veräußerungsgewinne stehen zwar bis zu sechzig Prozent Steuern, aber mein Gott, wer zählt schon? Ein Argument für die Privatisierung ist für die CDU, daß nicht mehr so viele Kommunalpolitiker in den Aufsichtsräten sitzen und ihre Interessen vertreten. Dies muß dann doch verblüffen, war doch der beliebte CDU-Obermeisterbürger Harry Blum unter anderem Kuratoriumsvorsitzender der Kölner Kulturstiftung der Kreissparkasse Köln, Präsident der Historischen Gesellschaft Köln e.V., 1. Vorsitzender und Verwaltungsratsvorsitzender des Zentrums für Frühbehandlung und Frühförderung e.V., Vorsitzender des Aufsichtsrats der Stadtwerke, Aufsichtsratsvorsitzender der KölnMesse, Gesamtvorstandsmitglied vom Zentral-Dombau-Verein, Ehrenvorsitzender vom Förderverein Romanische Kirchen Köln, Vorsitzender des Kuratoriums der Kölner Hochschulen, und er saß bei der Stadt-Sparkasse Köln im Verwaltungsrat, im Kreditausschuß und im Wirtschaftsbeirat.

Vielleicht fragen Sie sich jetzt: Du lieber Himmel, was war der eigentlich *nicht*? Unterlassen Sie gefälligst solche gehässigen Bemerkungen, Sie Frühstück! Der Harry war ungemein beliebt, als er nach nur einem halben Jahr im Amt starb. Es war eigentlich gar nicht vorgesehen, daß er gewählt wurde – nicht einmal seine eigene Partei hatte den Typ auf der Rechnung. Aber die allgemeine Stimmung, die Heugel-Affäre und eine etwas zu selbstsichere SPD hatten dazu geführt, daß Johannes Jacob Blum unter dem Decknamen »Harry« zum OB gewählt wurde. Die CDU hatte Blum nur aufgestellt, weil sie sowieso nicht geglaubt hat, daß er gewinnen kann. Das führte zu der lustigen Situation, daß ein ehemaliger Immobilienmakler zum OB gewählt wurde, der noch nicht einmal von seiner eigenen Partei für voll genommen wurde. Und die CDUler waren nicht wenig entsetzt, als sich herausstellte, daß Blum nicht die Marionette sein wollte, die sie gern in ihm gesehen hätten. Er setzte sich schnell für Projekte ein, die ankamen: Die Brunnen in der Stadt sollten wieder sprudeln, historische Sehenswürdigkeiten nachts angestrahlt werden – Maßnahmen, über die sich nicht zuletzt auch die Strom- und Wasserwerke und die Hersteller von Beleuchtungskörpern freuten. Weniger gut kam sein Engagement für einen Straßenstrich in Poll an. Dafür setzte er sich – CDU-Stammwähler müssen jetzt ganz stark sein – für die

Einführung von kontrollierter Heroinabgabe ein. Ein CDU-Oberbürgermeister! Aber fassen Sie sich: Die Partei hat den Tod von Harry Blum genutzt, um die Idee wieder zu streichen. Puuuhhh ...

Unter Blum wurde ein Wählertäuschungs-Konzept der CDU in Gang gebracht, das allerdings erst nach seinem Tod zur vollen Entfaltung kam. Dieses System kann man kurz und prägnant zusammenfassen: Symbolische Gesten verdecken die eigentliche Politik. Während der Oberbürgermeister nach außen gut Wetter macht und den Sympathieträger Numero Uno gibt, kann seine Partei im Hintergrund kaltlächelnd die asozialsten Schweinereien vom Stapel lassen, ohne daß sie dadurch Schaden nimmt. Der OB-Kandidat für die Nachwahl im Herbst 2000 wurde vermutlich nur wegen seines sympathischen Vornamens ausgewählt: Fritz. Allerdings ist der Mann Schullehrer und obendrein gebürtiger Kölner – insofern für Führungsaufgaben unserer Ansicht nach überhaupt nicht geeignet. Nach Herrn Blum (der übrigens ein Imi aus dem rechtsrheinischen Sauerland war) streifte sich dieser Fritz Schramma das OB-Trikot über und verfuhr noch dreister als sein Vorgänger. Während Harry Blum menschliches Auftreten auch mit möglichst menschlicher Politik zu verbinden suchte, beschränkte sich Herr Schramma nur auf repräsentative Aufgaben und verplemperte seine Zeit nicht mit Politik. Darin hatte er nämlich nichts zu melden. Deshalb konnte er sich zum Beispiel im Wahlkampf auch mal für die Homo-Ehe aussprechen (was übrigens im Widerspruch zu seinen bisherigen Äußerungen zum Thema Homosexuelle stand) und sich dafür selbst zufrieden »Mut und Zivilcourage« attestieren. In der CDU interessiert sich sowieso kein Mensch für seine Meinung. Dies zeigte sich besonders deutlich bei dem Fall »Sina«:

Bei Sina handelt es sich um die kleine Tochter einer jugoslawischen Asylbewerberin, die ihr Kind eines Tages leblos in einem zwei Meter tiefen Schacht fand, der zu einem Meter voll Wasser stand. Sina bleibt Zeit ihres Lebens schwerstbehindert. Nach drei Jahren des Prozessierens verurteilte das Kölner Landgericht die Stadt und das Rote Kreuz, welches Betreiber des Asylbewerberheims ist, zu einer halben Million Schadenersatz plus Behandlungskosten in zweistelliger Millionenhöhe, die nach der verblüffenden Rechtsauffassung der Stadt eigentlich die Asylbewerberin hätte selber zahlen müssen. Der Express machte den Fall zur Schlagzeile – und sofort schlug die Stunde der CDU-Strategie. Fritz Schramma ließ sich zitieren: »Ich habe direkt nach der Lektüre des Express mit Stadtdirektor Bernhard Wimmer gesprochen, ihn darauf aufmerksam gemacht, daß der Fall zwar eine rechtliche, aber auch eine menschliche Seite hat.« Na, das wärmt doch das Herz, nicht wahr? Und nachdem Herr Schramma seine Tätigkeit als Sympathieträger erfüllt hatte, konnte Stadtdirektor Wimmer auch frohgemut gegen das Urteil Berufung einlegen – mit dem klaren Ziel, keinen Pfennig für das Kind zu zahlen. Schließlich hat die Stadt kein Geld zu verschenken – sechshundert Millionen Mark werden für Autobahnausbauten ausgegeben, das ist ja wohl viel wichtiger.

Dennoch: Diese Arbeitsteilung der CDU ist brillant, nicht wahr? Sie hat aus Fritz Schramma einen sehr beliebten Mann gemacht, weil er die Drecksarbeit konsequent anderen überläßt und seinen guten Worten grundsätzlich keine Taten folgen läßt. So auch beim Verkauf eines Industriegrundstücks in Mülheim, bei dem sich Schramma öffentlich für die Erhaltung der Arbeitsplätze stark machte, um dann hinterrücks die Industrieproduktion »platt zu machen«, wie die Grünen kritisierten. Sie müssen zugeben: So viel verlogene Energie von Herrn Schramma nötigt Respekt ab. Wenn auch wohl nicht bei dem alten Querulanten Heinrich Böll, der 1982 schrieb, Kölns Gemütlichkeit sei »ein bißchen unheimlich, sozusagen nicht ganz geheuer, wenn unter der Wärmlichkeit die Kälte spürbar wird.« Diese verblüffend hemmungslose Heuchelei setzte sich dann auch fort, indem die CDU Herrn Schramma – im Widerspruch zu gemeinsamen Absprachen mit der SPD und auch im Widerspruch zur Realität – als »geistigen Vater« des Stadionneubaus in Szene setzte. Inwieweit ein Mann, der bis vor kurzem hauptberuflicher Lateinlehrer war, für solche Fragen kompetent ist, bleibt unklar.

Hier lacht der Imi

Der Lehrer fragt das Pittermännche: »Wer hat das neue Stadion gebaut?« Antwortet das Pittermännche: »Fritz Schramma.« Sagt der Lehrer: »Sehr gut, Pitter. Und wer hat den Dom gebaut?« Antwortet das Pittermännche: »Fritz Schramma.« Sagt der Lehrer: »Sehr gut, Pitter. Und wer hat den Rhein erschaffen?« Antwortet das Pittermännche: »Fritz Schramma.« Sagt der Lehrer: »Sehr gut, Pitter. Du kriegst eine Eins.« Sagt das Pittermännche: »Danke, Herr Schramma.«

Aber man hat durchaus auch Spaß mit der CDU, die Brüder sind manchmal unglaublich komisch. Für die Kölner Gipfel 1999 zum Beispiel hatte die Partei mit dem originellen Demokratieverständnis ein Demonstrationsverbot gefordert, das dann allerdings am Widerstand von Erzbischof Lehmann scheiterte, der bei der Menschenkette für die Entschuldung der Dritten Welt mitmachen wollte – aber möglichst ohne eingelocht zu werden.

Was die Streichung von Sozialleistungen angeht, konnte es die CDU (die noch im Wahlkampf das »solidarische Köln« beschworen hatte) gar nicht erwarten, den sozialen Wohnungsbau einzuschränken und mit den Steuergeldern den Bau von Einfamilienhäusern für höhere Einkommensgruppen zu fördern. Noch engagierter ging man daran, mit Unterstützung der Republikaner den »Köln-Pass« zu streichen, eine Ermäßigung für KVB, Theater, Kurse und Schwimmbäder für Sozialhilfeempfänger, ohne den diese sich die Benutzung der KVB überhaupt nicht leisten könnten. Den Grünen gelang es in letzter Sekunde, die Abschaffung zu verhindern. Es zeugte aber von bestechender Durchtriebenheit seitens der CDU, die Streichung des Köln-Passes mitten in die Karnevalszeit zu verlegen, in der sich die Kölner sogar noch weniger für Politik interessieren als sonst. Man hätte auch Freibier für alle CDU-Mitglieder in Kölner Kneipen beschließen können, es wäre kaum auf Widerstand gestoßen.

Die CDU, die in den Jahren zuvor eigentlich ja mit der SPD zusammen koaliert hatte, hatte sich im Kommunalwahlkampf als Kämpfer gegen real existierenden roten Filz, Vetternwirtschaft, Klüngel und Pfründe-Verteilung der Sozialdemokraten angeboten – um bei der Durchführung der Verwaltungsreform flugs selber die Dezernate mit schwarzen Parteigenossen zu besetzen. Der rote Filz wurde in Rekordgeschwindigkeit durch noch hemmungsloseren schwarzen Filz ersetzt. Mehr dazu im Kapitel »Klüngelüngelüng«.

Köln war jahrzehntelang absolutes SPD-Territorium. Zum Ende hin mußte man allerdings die CDU mit ins Boot nehmen, und nach den eigenartigen Kommunalwahlen '99 landete sie dann schlußendlich in der Opposition. Bei der Landtagswahl 2000 konnte man sich aber bereits deutlich berappeln und wurde wieder stärkste Partei. Dennoch – seit die SPD in Köln nicht mehr an der Macht ist, wissen die armen Genossinnen und Genossen leider überhaupt nicht, was sie machen sollen. In Köln wird man Sozialdemokrat, um einflußreiche Posten und Geld einzuheimsen, aus keinem anderen Grund. Um die plötzliche Machtlücke zu füllen, hat man sich deshalb bei der SPD dafür entschieden, sich nur noch mit sich selbst zu beschäftigen und ansonsten den Spaß-Faktor in der Kölner Politik zu gestalten. Die Partei verfügt über eine hohe Zahl äußerst ulkiger Gestalten in der Führungsspitze, die ganze Kölner Espede erscheint dem Betrachter als eine Art Karnevalsverein mit besseren Witzen.

Die Spezialdemokraten haben Tag und Nacht damit zu tun, gegen die eigenen Genossen Komplotte zu schmieden und sich gegenseitig in die Quere zu kommen. Ex-Oberbürgermeister Norbert Burger, den die Spezialdemokraten gerade aus dem Landtag geklüngelt hatten, rügte die politische Kultur seiner »Partei«, daß diese trotz der Niederlage bei den Kommunalwahlen am »starren Flügeldenken« festhalte. Flügeldenken – das ist das große, mächtige, die Spezialdemokraten jederzeit umtreibende Schlagwort. In der Kölner SPD gibt es zwei strikt getrennte, sich bis aufs Blut hassende Gruppen, die »Rechten« und die »Linken«. Das hat nichts mit den geographischen Gegebenheiten der Stadt zu tun – beim Unterbuttern der rechten Rheinseite war man sich stets einig. Es geht nur um die altbekannte politische Schubladendenkweise, die intelligente, flexible Politik unmöglich macht und dazu führt, daß offene Diskussionen in der Partei nicht stattfinden. Alles wird über die »unseligen Rechts-Links-Seilschaften« (Norbert Burger) entschieden, um ein stabiles Gleichgewicht der Kräfte zu erhalten. So werden Personalfragen nicht nach Qualifikation der Bewerber entschieden, sondern nach deren Flügelzugehörigkeit. Demokratie ist was für willensschwache Untertanen, wie für Düsseldorfer.

Das feuerrote Spaßmobil SPD fuhr bei der Kandidaten-Aufstellung für die OB-Wahl '99 frontal gegen die Wand: Fraktionsvize Heinz Lüttgen wurde ausgebootet und warf Parteichef Kurt Uhlenbruch vor: »Der Mann ist unfähig, sein Verhalten zum Kotzen.« Außerdem sei Uhlenbruch ein »hilfloser Krisenmanager« und müsse weg: »Verlierer sollten die Zukunft der SPD nicht bestimmen.« Der so gescholtene Parteichef antwortete ein wenig

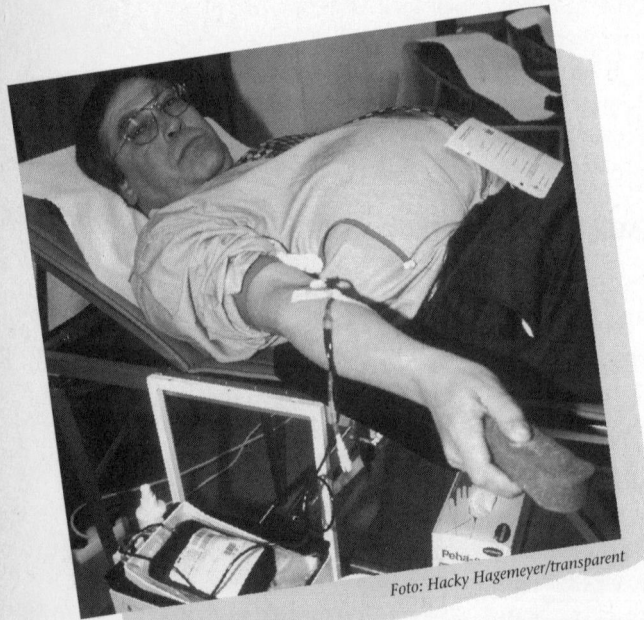

uncool: »Das ist keine Krise der SPD, das ist eine Krise des Heinz Lüttgen.« Schließlich habe der seine Ämter schon zweimal hingeworfen, das sei man bei ihm gewohnt. Was man allerdings als bemerkenswert bezeichnen muß, denn »Ämter niederlegen« ist für einen Kölner Spezialdemokraten normalerweise eine völlig perverse, widernatürliche Vorstellung. Ganz besonders für *einen* ...

»Psycho-Norbert«

Foto: Hacky Hagemeyer/transparent

Der Psychiater Norbert Rüther ist der führende Kopf des rechten Flügels der SPD. Das ist sein Hauptberuf, nebenbei ist er noch Fraktionschef, Landtagsabgeordneter, stellvertretender Vorsitzender des Ausschusses Allgemeine Verwaltung und Rechtsfragen, Mitglied im Hauptausschuß, Ausschuß Soziales und Gesundheit, Werksausschuß Kliniken/Zentren für Senioren und Behinderte und Aufsichtsratschef von ungefähr dreihundertsiebenundachtzig Gesellschaften in und um Köln inklusive Flughafen, eine Weile war er auch noch Fraktionsgeschäftsführer – aber nur für den Lebensunterhalt. Rüther gilt als Synonym für das Beziehungsgeflecht in seiner Partei, er liebt die Flügelkämpfe und weiß sie geschickt für seine Zwecke zu nutzen – dafür sind sie ja auch da. Das Flügel-denken verschaffte Rüther zuletzt auch ein Landtagsmandat, in-dem ihn seine Partei aus Proporz-Gründen für einen sicheren Wahlkreis aufstellte. »Mr. Ämterhäufung himself« holte trotzdem von allen Kandidaten im Landtagswahlkampf das zweitschlechte-ste Ergebnis aller Sozialdemokraten, obwohl sein Wahlkreis extra für ihn noch mal anders geschnitten worden war, um nicht gegen die Grünen zu verlieren. Eine sehr gewitzte Auffassung von De-mokratie: Man respektiert zwar den Wählerwillen, aber die Frage ist doch, von *welchen* Wählern.

Rüther ist rätselhafterweise in der Bevölkerung unbeliebt, was wir uns gar nicht erklären können. Der Mann ist die unterhalt-samste Gestalt der Kölner Politik, vielleicht sogar überhaupt von ganz Köln. So sagte er zu der Idee der CDU, Sozialhilfeempfänger als Ordnungshelfer einzusetzen: »Wenn man mehr Sicherheit will, muß man den Mut haben, qualifiziertes Personal einzustellen. Wie das finanziert werden kann, weiß ich aber nicht.« Man muß den Mann einfach lieben.

Da die SPD Politik nicht als ihre Daseinsbegründung betrachtet, haben die Grünen freundlicherweise die Aufgabe übernommen, sich um die politischen Belange der Stadt zu kümmern. Die Köl-ner Grünen haben mit der CDU ein Zwölf-Punkte-Programm ge-schlossen, das die Zusammenarbeit regelt. Dies drückt etwas aus, was wohl das Verblüffendste an der Kölner Regionalpolitik dar-stellt: Obwohl die Grünen äußerst stark sind und die Stadt eine sehr rege alternative Szene hat, gibt es in Köln im Grunde keine Linke.

Es gibt auch keine Rechte, wohlverstanden – höchstens in der Mülheimer CDU. Das Extreme liegt den Menschen in Köln nicht, wer will das verurteilen? Es gibt Skeptiker, die dieses völlige Feh-len von Profil für die schlechte Wahlbeteiligung verantwortlich machen. Aber die Grünen haben es schwer in Köln mit ihren an-gestammten Themen: So etwas wie Umwelt gibt es in Köln nicht – wo immer ein freier Platz ist, werden Umgehungsstraßen und Au-tobahnen gebaut, und wo kein freier Platz ist, wird eben welcher geschaffen, um Umgehungsstraßen und Autobahnen zu bauen. Und kurioserweise scheint das niemanden zu ärgern, weshalb die

Grünen das Thema Umwelt zu den Akten gelegt haben. In Köln etwas gegen den Straßenausbau zu sagen, ist politischer Selbstmord. Nur ganz zaghaft versucht man, dem Kölner Auto-Psychopathentum entgegenzutreten: Die Grünen wollen zum Beispiel eine »City als Wohnquartier« haben, in der es sich »zu leben lohnt«. Die Innenstadt solle nicht zu einem reinen Büro- und Geschäftsstandort verkommen, sondern auch als Wohnort dienen. Deswegen wird gefordert, den Autoverkehr in der Innenstadt einzudämmen. Das ist natürlich schon ein gewisser Widerspruch, denn wer verursacht denn das hohe Verkehrsaufkommen, wenn nicht die zu vielen Einwohner? Knapp hundertvierzigtausend Menschen leben in der Kölner Innenstadt, damit gehört die Kölner City zu den dichtbesiedelsten in Europa. Ein großer Teil der Autos in der Innenstadt wird von Leuten gelenkt, die dort eben auch wohnen, was das Anwohnerparkproblem anschaulich illustriert. So soll also ein bestehendes Problem dadurch gelöst werden, daß man die Ursachen für das Problem noch verstärkt und noch mehr Leute einlädt, in der City zu wohnen. Das müßte man vielleicht noch mal durchstrukturieren.

In ihrer Regierungsarbeit scheuen die *Jrönen* keine Kompromisse mit dem Koalitionspartner CDU, verhinderten Kürzungen im Sozialbereich, bei Fixerstuben, Bürgerzentren und der Förderung der freien Kulturszene. Dabei haben sie eigentlich dieselben Standpunkte wie die SPD. Mit der will nur keiner reden.

So sind die bundespolitischen Zustände in Köln völlig auf den Kopf gestellt: Die Grünen sind die Gestalter, die Spezialdemokraten die Blockierer, und die CDU regiert auf Abruf, ohne Konzept oder Rücksicht auf Verluste. Zum Glück gibt es wenigstens die FDP, sonst wüßte man ja gar nicht mehr, in welchem Land man ist.

Klüngelüngelüng

Wenn Sie zum Beispiel aus dem Ruhrgebiet kommen, ist für Sie das Wort »Klüngel« wohl nur ein Synonym für Klamotten/Kleidungsstücke (»Schmeiß nicht immer deine Klüngel auf den Boden!«), oder Sie verwenden es im Sinne von verlieren oder ver-

bummeln (»Ich hab schon wieder meine Schlüssel verklüngelt!«).
In Köln hat Klüngel eine völlig andere Bedeutung. Es ist bis aufs
Jahr 1782 zurückzuführen und zwar als Bezeichnung für eine Sa-
che, die der Leiter der Korruptionsabteilung der Staatsanwaltschaft
Frankfurt »organisiertes Verbrechen« nennt: Korruption, Seilschaf-
ten, Filz. Aber irgendwie stimmt das so auch wieder nicht. Klüngel
ist doch keine Korruption! Wer das behauptet, hat nichts begriffen!
Die Geschichte des männlichen Klüngels ist eine Geschichte voller
Mißverständnisse. Klüngel ist nichts weiter als kölsches Brauchtum!
Es folgt eine Bestandsaufnahme.

Zum Zeitpunkt der Drucklegung dieses Buches waren uns folgen-
de Affären und Skandale bekannt:
• Müll-Klüngel
• Tanzbrunnen-Affäre
• Heugel-Aktienaffäre
• Schwarzarbeit-Skandal
• Bietmann-BIP-Affäre
• Korruptions-Skandal in der Stadtverwaltung
• Korruptions-Skandal im Zollkriminalamt
• Taxi-Kurierdienst-Klüngel
• Ruschmeier-Kölnarena-Klüngel
• Kölnarena-Abrechnungsaffäre
• Korruptions-Skandal im Erzbistum
• Selbstbedienungs-Affäre im Statistik-Amt

Nein, hier geht es nicht um ganz Deutschland, auch nicht um irgendeine Bananenrepublik mit einem sexbesessenen Militärdiktator, sondern nur um die Stadt Köln. Wir erheben übrigens durchaus keinen Anspruch auf Vollständigkeit. Das klingt jetzt erst mal
ganz fürchterlich, aber urteilen Sie nicht vorschnell. Sehr beliebt
ist zum Beispiel diese Definition: »Klüngel ist die Abkürzung des
Instanzweges im allseitigen Einverständnis darüber, daß nicht nur
die Regel, sondern auch die Ausnahme ihr Recht hat.« Wer will
das bezweifeln? Natürlich wird der Klüngel auch mißbraucht,
aber was gibt es auf der Welt, das nicht mißbraucht werden könnte, stimmt's? Sogar Kleinkaliberpistolen und Pitbulls kann man
mißbrauchen!

Manche wollen das leider nicht verstehen, wie zum Beispiel der angesehene Oberstadtdirektor Kurt Rossa (tot), der bei seinem Amtsantritt noch ganz offen um Aufnahme in den kölschen Klüngel gebeten hatte. Später im Ruhestand hatte er allerdings diese noble Gesinnung nicht mehr und meinte: »Vergessen Sie bitte eines nicht: Der richtige Klüngel hat immer auch verklüngelte Opfer!« Na und? Der richtige Straßenverkehr hat auch immer verstümmelte Opfer. Soll man deshalb etwa Tempolimits verhängen? Dä!

Ein anderer Spielverderber meinte: »Zum Klüngeln gehören drei: zwei, die es tun, und der dritte, gegen den sie es tun.« Wenn der dritte nicht ein unliebsamer Konkurrent ist, ist es in der Regel der Steuerzahler. Das mag zwar irgendwo stimmen, aber was hilft's? Soll der dritte eben auch klüngeln!

Aber Vorsicht: Wichtig bei kölschem Klüngel ist die »menschliche Dimension«, die den Menschen höher stellt als Vorschriften. Zweifellos berücksichtigt wurde die menschliche Dimension vom ehemaligen Oberstadtdirektor Ruschmeier (SPD), wenn auch vor allem seine eigene menschliche Dimension. Er hatte den Bau der Kölnarena auf den Weg gebracht und dann seinen Posten Parteifreund Klaus Heugel übergeben, um selber Geschäftsführer vom Oppenheim-Esch-Fonds zu werden, der die Kölnarena betreibt. Und zwar, nachdem die Stadt das Grundstück unter Marktwert an die Firma verkauft hatte. Chapeau! Andere entwickeln nicht halb soviel kriminelle Energie und landen dann auch noch im Gefängnis.

Ach ja. Heugel.

Das Böse hat in Köln einen Namen. Und es ist zufälligerweise derselbe Name wie für »Blödheit« und für »Desaster«. Laut Richterspruch vom 20. März 2000 hat Klaus »Babyface« Heugel sein berufliches Insider-Wissen in drei Fällen zu verbotenen Aktiengeschäften genutzt. Aber viel schlimmer fällt sein eigentliches, monströses, widerwärtiges Vergehen aus, eines, für das es in Köln kein Pardon gibt: Er hat sich erwischen lassen!

Wir wollen Sie nicht mit Einzelheiten langweilen, aber zusammenfassend kann man sagen, daß Herr Heugel das gleiche gemacht hat wie Herr Ruschmeier, nur nicht so erfolgreich. Ihm ging es nicht um einen fetten Posten, sondern bloß um Geld – verständlich, als Oberstadtdirektor nagt man ja am Hungertuch.

Klaus Heugel war Anwärter für den dicksten Posten der Stadt, gleich nach Karnevalsprinz und Erzbischof: Er war der SPD-Kandidat für den Posten als Oberbürgermeister. Und als sein »politischer Fehler« (Heugel) mitten im Endspurt des Kommunalwahlkampfes bekannt wurde, war das natürlich so was wie die politische Variante einer Kernschmelze. Die SPD rauschte in ihrer Hochburg Köln in den Keller, schlug dort durch den Boden und ertrank im Grundwasser. Natürlich hing das auch mit der damaligen politischen Stimmung zusammen und mit der doch etwas penetrant selbstgefälligen Auffassung der Spezialdemokraten, Köln gehöre ihnen von Natur aus (so wie der 1. FC Köln »natürlich« in die 1. Liga gehört). Aber die Genossen zögerten nicht, Klaus Heugel alleine, ganz alleine, für das Debakel verantwortlich zu machen. Und nicht zum Beispiel auch den Fraktionsvorsitzenden Rüther, der sogar nach Heugels öffentlichem Bekenntnis noch versuchte, so zu tun, als sei das Ganze nur eine Bagatelle. Inzwischen hat Heugel sein Parteibuch abgegeben, vielleicht weil er sich die Mitgliedsbeiträge nicht mehr leisten kann.

Bei der Privatisierung der Abfallentsorgung entspann sich eine besonders für die CDU blamable Geschichte, die der Express als »Müll-Klüngel« titulierte. Die Kölner Firma Trienekens erhielt den Zuschlag, obwohl die Bochumer Firma Rethmann vierzig Millionen Mark mehr bot. Die schlauen Bochumer hatten sich nämlich die Straßen von Köln mal genauer angesehen und sich gesagt: »Mein Gott, was für eine Goldgrube!« Die naiven Nicht-Kölner glaubten, eine Privatisierung öffentlichen Eigentums würde durch so unkölsche Methoden wie Ausschreibung und Wettbewerb gemanagt werden. Frei nach Konrad Adenauer (»Wir kennen uns, wir helfen uns«) sprach man in der entscheidenden Ratssitzung unverblümt von »Bindungen persönlicher und rechtlicher Natur«, die den Ausschlag gegeben hätten. Außerdem kenne keine Firma den Kölner Müll so gut – und das ist wichtig, denn Kölner Müll ist ja was vollkommen anderes als zum Beispiel Bochumer Müll. Köln ist freilich mit Trienekens beim Einsammeln von »Grünen-Punkt«-Müll landesweit Schlußlicht, was wohl nur bedingt für die Effizienz der Firma spricht, die sich obendrein mit Vorwürfen auseinandersetzen muß, beim Dualen System Betrug in dreistelliger Millionenhöhe begangen zu haben; zudem beklagt das Bundeskartellamt

eine zunehmend marktbeherrschende Stellung von RWE/Triene-
kens. Andererseits ist der Trienekens-Firmenchef CDU-Mitglied,
der Geschäftsführer der Kölner Trienekens-Filiale ist in der CDU,
und es gibt noch weitere Verflechtungen, die den Eindruck er-
wecken, die Kölner CDU sei fast so etwas wie der politische Arm
von Trienekens.

Als dann das Gebot der Bochumer auf den Tisch kam, wunderte sich CDU-Fraktionschef Bietmann über das »überraschende
Angebot«, und die Stadtverwaltung behauptete, erst am Tag vor
der endgültigen Abstimmung von Rethmann gehört zu haben,
was eine außergewöhnlich dreiste Lüge darstellte. In Wirklichkeit
stand Rethmann mit der Stadt schon seit acht Monaten in Kontakt,
unter anderem mit dem damaligen OB Blum. Die Stadtverwaltung
warnte die Ratsmitglieder dann: »Sollte die Fa. Rethmann statt der
Fa. Trienekens Mitgesellschafter der AWB KG werden, ist davon
auszugehen, daß die bestehende Kooperation der Fa. Trienekens
mit der AWB und der AVG beendet wird.« Rethmann erklärte hinterher, man sei in Köln »vor eine unsichtbare Wand gelaufen«, sei
einfach nicht erwünscht gewesen: »Wir haben so etwas wie hier
in Köln noch nicht erlebt.« Die Grünen sprachen von »einer offen-
sichtlichen Begünstigung des regionalen Monopolisten«. Ziemlich kleinkariert, denn wozu hat man denn ein Monopol, wenn
man damit nicht einmal die Stadt erpressen kann? Das sah dann
sicher auch FDP-Fraktionsbartträger Sterck so, dessen Unternehmen »Kölner Flitzer« von Trienekens praktisch abhängig ist. Dann
wurde das Ganze noch mit formalen Fehlern garniert, weswegen
der Stadtrat eine sommerliche Sondersitzung anberaumen und
die Unterzeichnung des Vertrags verschoben werden mußte.
Muß man halt alles mal erlebt haben. Andere Kritiker konstatier-
ten, daß die Ratsmehrheit aus CDU, FDP und Republikanern (die
eifrig zustimmten) die Stadt so gesehen um vierzig Millionen
Mark prellen wollte, und außerdem stellte man fest, daß die Privatisierung viel teurer werden würde als ursprünglich berechnet.
Na und? Das ist doch nur Geld! Zählen in dieser kalten, herzlosen
Welt denn nicht auch noch Werte wie langjährige Freundschaft,
Vertrauen und Bestechung? Wobei es letzteres natürlich nicht
gegeben hat. Wir sind jederzeit bereit zuzugestehen, daß die
Leute in CDU und FDP nicht bestechlich sind, sondern nur zu

blöd zum Rechnen. Und daß eine Woche nach dem Ratsbeschluß Trienekens den Arbeitskreis »Umwelt« der CDU-Fraktion eine Dienstreise spendierte, ist lediglich ein unglaublicher Zufall, weiter nichts.

Der aufsehenerregendste Skandal der letzten Jahre ist wohl die »Tanzbrunnenaffäre«. Der Tanzbrunnen ist ein beliebter Veranstaltungsort, um dessen Betreiberfirma Rheinterrassen/Tanzbrunnen Kulturbetrieb (RTB) ein biblischer Krieg ausbrach. Den meisten Kölnern ist die Geschichte nur noch präsent als ein Beispiel für das Versagen der Kontrollbehörden, wodurch der RTB 1998 in den Konkurs geschlittert ist. In Wirklichkeit ist die Tanzbrunnen-Affäre nach Recherchen des leider dahingeschiedenen »Kölner Volksblatt« aber nicht Zeugnis eines großen Scheiterns, sondern eines großen Gelingens, eines raffinierten Komplotts machiavellistischer Durchtriebenheit. Und zwar erstaunlicherweise von Sozialdemokraten! Diese betrauten Ende 1990 einen altgedienten Genossen namens Jutkeit mit der Aufgabe, den RTB in den Ruin zu wirtschaften. Natürlich nicht offiziell, das hätte wohl etwas komisch ausgesehen. Vielleicht wußte der Mann auch gar nicht, daß dies seine Aufgabe war, da ist man sich nicht ganz sicher. Erfüllt hat er sie trotzdem mit Bravour. Nachdem Jutkeit über zehn Millionen Mark sinnlos verpulvert hatte, suchte er Anfang '97 programmgemäß das Weite. Sein Nachfolger Volker Lindlar war von den Sozialdemokraten nicht vorgesehen, und machte auch prompt nichts als Ärger, indem der *Tünnes* ernsthaft daran ging, den RTB zu sanieren. Das mußte verhindert werden, denn der Plan der Genossen hatte laut »Kölner Volksblatt« von Anfang an zum Ziel, den Betrieb zu ruinieren und die Filetstücke möglichst billig an die KölnMesse beziehungsweise die KölnKongress GmbH zu verscherbeln. Diese Firmen waren nämlich so etwas wie volkseigene Betriebe der SPD. Machen wir es kurz: Durch eine Vielzahl von Intrigen und Winkelzügen wurde das Ziel erreicht. Der Schaden für die Stadt bewegt sich im zweistelligen Millionen-Bereich.

Belangt wurde niemand. Nur eine Rüge gegen die Verwaltung wurde ausgesprochen, weil sie den Rat nicht über die finanzielle Situation des RTB informiert hatte. Messe-Aufsichtsrat Heinz Lüttgen (SPD) meinte beschwichtigend, man solle Leuten keine Steine hinterherwerfen, die vielleicht nicht mehr da sind. Nun ja. Aber der liebe Herr Lüttgen selber zum Beispiel, der ist ja noch da. Und auch KölnKongress-Aufsichtsrat Rüther (SPD). Hat jemand grad mal 'n Stein?

Der aktuell größte Affären-Komplex ist in der Stadtverwaltung zu finden, die nach Meinung manches Staatsanwalts ein »einziger Sumpf« ist. Seit Dezember '98 sind Razzien, Durchsuchungen von Privatwohnungen, Festnahmen von hohen Beamten, Amts- und Abteilungsleitern an der Tagesordnung. Über fünfzig Firmen werden inzwischen beschuldigt; die Kripo hat extra eine Sonderkommission eingerichtet. Faszinierend waren auch die zeitlichen Parallelen zwischen dem Korruptionsskandal in der Stadtverwaltung und dem IOC-Korruptionsskandal im Frühjahr '99. Während sich das IOC bei der Vergabe von Olympischen Spielen hatte bestechen lassen, wurden Mitarbeiter des Bauamts dafür bezahlt, Bauaufträge an bestimmte Firmen zu erteilen. Das ist praktisch dasselbe, nur im etwas kleineren Rahmen. Korrupt war von den Firmen bis zu den zuständigen Bebauamten praktisch jeder, was für das Solidaritätsprinzip der Kölner spricht. Hier gibt es keine Kameradenschweine, die sich gegen die Gemeinschaft stellen. Auch war die Solidarität parteiübergreifend: Sowohl in SPD-dominierten Ämtern als auch in Dezernaten, die unter langjähriger CDU-Führung standen, wurden massive Korruptionsfälle aufgedeckt. Denn der Skandal endete nicht im Bauamt, das war nur der Anfang. Im Februar 2000 ermittelte die Staatsanwaltschaft in elf Ämtern – das ist wie gesagt Kölns Glückszahl.

Amüsante Geschichten bekam man zu hören. Es ging nicht nur um massive Bestechung – das ist den einfallsreichen Kölnern viel zu banal. Fingierte oder überhöhte Rechnungen wurden ausgestellt, die von den Beamten gegen Gefälligkeiten abgesegnet wurden. Beamte veranschlagten zu hohe Auftragssummen, um den Überschuß selbst zu behalten. Preiskartelle unter Handwerksbetrieben wurden eingerichtet, Ausschreibungen manipuliert – wer nicht mitmachen wollte, ging leer aus. Unternehmer durften mehr Arbeitsstunden abrechnen, als tatsächlich geleistet wurden. Wenn Geld floß, dann sogar in Form eines »zweiten Gehalts«, jahrelang pünktlich zum Monatsersten. Aber nicht nur Bargeld und

Geschenke wurden verteilt, auch hochdotierte Vortragsaufträge standen auf der Speisekarte – und die Fahrtkosten dorthin wurden als Dienstreisen abgerechnet. Lustig: Da die Vorgesetzten der Delinquenten über diese Vorgänge häufig sogar Bescheid wußten, waren sie strafrechtlich nicht relevant – das ist das Klüngel-Äquivalent zur Kriegserklärung. Ein Unternehmer übernahm auch die Bewirtung bei sogenannten »Unternehmerfrühstücken«, bei denen ein regelrechtes Firmenkartell Absprachen mit städtischen Mitarbeitern getroffen haben soll. Schmiergeldzahlungen in sechsstelliger Höhe kamen natürlich vor, aber auch mal nur kleine Zuschüsse für die Kaffeekasse oder Vergünstigungen wie kostenlose Reparaturen und Hausrenovierungen, Einladungen in teure Restaurants, Reisen, Tankfüllungen, Besuche in Nachtclubs und Bordellen. Hierin erkennen Sie wieder die »menschliche Dimension«: In anderen Städten läßt man sich einfach bezahlen, aber in Köln zählt noch das Zwischenmenschliche bei der Korruption, und man geht auf die individuellen Bedürfnisse seiner Partner ein, so daß die manchmal nicht einmal *merken*, daß sie geschmiert werden. »Ich habe das nie anders kennengelernt«, sagte ein Bauleiter. Als der Richter einen angeklagten Unternehmer nach dessen Unrechtsbewußtsein fragte, konnte der nur antworten: »Ich dachte, daß muß so sein bei der Stadt.« Ein Abbruchunternehmer sagte aus, schon zu Zeiten seines Vaters sei ohne Schmiergeldzahlungen nichts gegangen. Die Kölner sind eben ungeheuer traditionsbewußt.

Diese Affäre zog sich durch das ganze Jahr '99 und deckte einen »Nebenskandal« auf – bei Renovierungsarbeiten an Kölner Kirchen lief praktisch dasselbe ab wie im Bauamt. Im Frühjahr 2000 ermittelte man schon wegen sechzig Kirchen im Erzbistum Köln. Offenbar kann man in Köln keine Hundehütte bauen, ohne irgend jemanden zu bestechen.

Der Staatsanwaltschaft wurden viele Steine in den Weg gelegt, weswegen die meisten der Verantwortlichen in den oberen Etagen wohl nie zur Rechenschaft gezogen werden und im Amt bleiben. Und auch in Zukunft wird die Korruption nicht im geringsten bekämpft. Schon deshalb nicht, weil die Fraktionsvorstände von SPD und CDU zusammen mit ihren Dezernenten konsequente Verhinderungstaktiken anwandten, um einen Ratsbeschluß zur

Korruptionseindämmung nicht umzusetzen. Daß der CDU-Fraktionsvorwitzelnde Bietmann die ganze Schuld auf die Spezialdemokraten schob, war dann, ehrlich gesagt, nicht wirklich ehrlich gesagt.

Im Herbst '99 wurde sogar der Anti-Korruptionsbeauftragte in der Bauverwaltung verhaftet. Der hatte wohl seinen Job etwas mißverstanden. Anscheinend hatte ihm keiner erklärt, daß das lateinische Wort »anti« eigentlich »gegen« bedeutet – aber du lieber Himmel, man kann doch von einem einfachen Beamten nicht erwarten, daß er fließend lateinisch spricht! Stadtdirektor Wimmer zögerte auch nicht, die übereifrigen Beamten der Kripo zu attackieren, während ein Amtsleiter, der zwei Wochen lang in Untersuchungshaft gesessen hatte, nicht einmal suspendiert wurde. Und für Verkehrsdezernent Oelmann galt auch nach der vierten Großrazzia für alle Beschuldigten »bis auf weiteres die Unschuldsvermutung«. Die Kölner Polizei und die Staatsanwaltschaft können einem nur leid tun: Sie müssen nicht nur gegen Verbrecher kämpfen, sondern auch gegen die Stadt Köln. Viele Korruptionsfälle waren der Stadt übrigens sogar bekannt gewesen, die aber nicht der Staatsanwaltschaft gemeldet, sondern intern geregelt wurden. Da staunt man als Imi: Korruption wird von der Stadt Köln nicht als Kavaliersdelikt angesehen, sondern als *überhaupt kein* Delikt.

Hier lacht der Imi   Was ist ein Kölner vor Gericht?
Nicht schuldig.

Unter all dem leidet vor allem die große Mehrheit der Kölner Beamten, die sich stets korrekt verhalten und ihre Pflicht tun, und zwar ohne daß man ihnen dafür ein Auto kaufen muß. Die unserer Ansicht nach nettesten Menschen sind überraschenderweise im Finanzamt zu finden, man wird hier menschenfreundlich und kooperativ behandelt. Vermutlich wurde die Behörde von Imis okkupiert.

Köln ist ohne Übertreibung ein Paradies für Bauunternehmer (allerdings nur für die, die in Preiskartellen organisiert sind). Das hat zwei Gründe: Zum einen wird Schwarzarbeit in Köln nicht verfolgt, wie das Rechnungsprüfungsamt kritisiert. Sogar wenn die

Schwarzarbeit entdeckt wird, hat das für den Bauherrn nicht die geringsten Konsequenzen: Annähernd 1.900 Verstöße wurden von 1990 bis 1996 registriert, zu (minimalen) Strafzahlungen kam es in einunddreißig Fällen. Die Ämter bezeichnen das in der Regel als »Bagatelle« – wobei wir durchaus nicht unterstellen wollen, daß sich diese Beamten bestechen ließen. Ein absurder Gedanke, finden Sie nicht auch? Genauso absurd wie die Behauptung, daß Beamte absichtlich belastende Akten vernichtet haben. Obwohl es zugegebenermaßen etwas seltsam erscheint, daß vierzig Prozent der Akten vernichtet wurden oder beim Umzug des Stadthauses nach Deutz verloren gingen. Aber nun ja, so was passiert schon mal. Manch eine Dienststelle weigerte sich allerdings auch partout, den Rechnungsprüfern irgendwelche Akten zu zeigen. Das macht natürlich einen dummen Eindruck.

Der zweite Grund für die paradiesischen Zustände besonders für Straßenbauunternehmer liegt in einem über die Jahre perfektionierten System begründet, welches dafür sorgt, daß immer genug Arbeit vorhanden ist, die auch bezahlt wird. Und wenn es keine Arbeit gibt, wird einfach welche erfunden. Das Zauberwort hier lautet »Nachbesserung«. Ein einfaches Beispiel soll dies veranschaulichen, es wird Ihnen irgendwann vor Ihrer eigenen Haustür begegnen. Straßenbauarbeiter reißen den Straßenrand auf, um Leitungen zu verlegen, Reparaturen durchzuführen oder eine Goldader auszubeuten. Wenn sie ihre Arbeit beenden, wird der Graben natürlich zugeteert – aber nicht vollständig. Ein circa drei Zentimeter tiefer Graben bleibt zurück, auf dem man übrigens wunderbar Minigolf spielen kann. Und um diese »Panne« zu beheben, muß die Stadt dann einen zusätzlichen Arbeitstag bezahlen, mit allem Drum und Dran. Um solchen und ähnlichen Dingen einen Riegel vorzuschieben, ist seit September 1999 allerdings eine »Mobile Prüfgruppe« im Einsatz, die unhöflicherweise ohne vorherige Anmeldung auf Baustellen auftaucht und Ärger macht, bloß weil einige Bauarbeiten, zum Beispiel bei Kindertagesstätten und Grundschulen, so schlampig ausgeführt worden waren, daß man sie teilweise gar nicht in Betrieb nehmen durfte. In ihrem ersten Bericht heißt es, es seien »kontroverse Diskussionen« mit den Bauleitern geführt worden, das Auftreten der Leute war »teilweise streitbar«, weil man »eine fachliche Prüfung dieser Art nicht gewohnt« war. Dabei stellte man auch fest, daß einige Baufirmen einen unheimlich cleveren Kniff gefunden hatten, um die Gemeinde zu bescheißen: Man nahm von städtischen Kliniken Bauaufträge an, die wegen ihrer geringen Größenordnung dem Rechnungsprüfungsausschuß nicht vorgelegt werden mußten, die im Endeffekt aber doppelt so teuer wurden wie veranschlagt. Wir ziehen unseren Hut vor solchen Meisterleistungen!

Weitere Affären und Klüngeleien runden das Bild ab, wie zum Beispiel ein Taxiunternehmer, der bei Kurierfahrten für Wahlveranstaltungen eine Art Monopolstellung erreicht hatte, und zwar über Jahre ohne vorherige Ausschreibung, was das Rechnungsprüfungsamt irgendwie komisch fand. Daß der zuständige Amtsleiter und der Taxifahrer zufälligerweise im selben SPD-Ortsverein und persönliche Freunde sind, wurde da gleich ganz giftig hinterherkolportiert, grad so, als sei das irgendwie ehrenrührig oder was. Immer dieses Mißtrauen. Der Taxiunternehmer zog dann sein Engagement für Kurierfahrten bei Wahlveranstaltungen zurück, aber nicht aus schlechtem Gewissen, sondern nur aus »familiären Gründen«. Nicht, daß da einer was Falsches denkt!

Besonders kreativ und fleißig bei der Klüngel-Produktion zeigte sich der Amtsleiter vom Amt für Statistik und Einwohnerwesen. Dieser Mann war schlicht ein Genie. So gab es zum Beispiel äußerst fragwürdige teure Dienstreisen für ihn und einige seiner Mitarbeiter. Normale Menschen hätten es dabei belassen, aber dieser Mann war nicht normal! So wurden überteuerte, sinnfreie Mitarbeiter-Schulungen ins Programm genommen, und allein beim Kauf von sündhaft teuren Computern plus überflüssigem Zubehör entstand der Stadt ein Schaden von 238.000 Mark. Die Staatsanwaltschaft ermittelte wegen »Untreue und Vorteilsnahme«, der Amtsleiter habe Steuergelder verschwendet, selbstherrlich Aufträge vergeben und stets dieselbe Firma bevorzugt. Seien wir fair – wie sollte der Mann denn ahnen, daß das nicht erlaubt ist? Er war doch schließlich in Köln! Von wo kommen diese Staatsanwälte eigentlich? Geht man so mit Menschen um, die alles geben, um kölsches Brauchtum zu leben? Wir verleihen hiermit inoffiziell dem Mann den Großen Kölner Klüngelorden mit Eichenlaub und Schwertern! Tusch!

Köln ist stolz darauf, als einzige Stadt Deutschlands einen Ehrenrat (nötig) zu haben, der das Verhältnis von politischen und privaten Interessen der Ratsmitglieder überwacht. Bei der Einrichtung des Ehrenrats sprach sich der damalige OB Blum (CDU) allerdings flugs dagegen aus, sich auch mit den ins Zwielicht geratenen Verbindungen seines Parteifreunds Rolf Bietmann zu einer Immobilienfirma (und damit einhergehenden kleinen Wahrheitsverdrehungen) zu befassen, mit der vielleicht doch etwas kuriosen Begründung, diese Vorgänge lägen doch schließlich »Jahre zurück«. Wenn überhaupt, gehöre dieser Fall vor einen Untersuchungsausschuß, den es aber auf kommunaler Ebene gar nicht gibt. Man kann aber auch alles übertreiben, nicht wahr? Hauptsache es gibt einen Ehrenrat, der muß nicht auch noch wirklich was tun. Der Kölner Kabarettist Jürgen Becker klassifizierte diese Einstellung derart, daß es den Kölnern aufgrund ihrer katholischen Grundhaltung niemals darum ginge, ein Problem zu lösen oder auch nur zu erkennen. Das einzige, was zähle, sei »die Idee«. So reiche es zum Beispiel aus, wenn eine Glühbirne vorhanden ist – funktionieren muß sie nicht. Aber die Idee Glühbirne ist da, und damit ist die Arbeit getan. Philosophen fühlen sich hier vielleicht an Platons »Ideenlehre« erinnert, in der dargelegt wird, die ganze Welt bestünde im Grunde nur aus Abbildern von immateriellen, ewigen und unveränderlichen Wesenheiten, nämlich den Ideen. So sind Fische oder Pferde Abbilder der Idee »Tier«. So ist die Lebensweise einiger katholischer Geistlicher nur ein Abbild, eine ungenaue Nachahmung der Idee »Zölibat«. Und so ist die CDU nur eine unvollkommene Nachahmung der Idee »Filz-Bekämpfung«.

»CDU-Fraktionschef
Krusty der Clown«

Foto: Hacky Hagemeyer/tranparent

119

Sicher verstehen Sie jetzt etwas besser, was es mit dem Kölner Klüngel auf sich hat. Es geht hier nicht um Bestechung oder Filz, sondern klüngeln ist praktisch Folklore, so wie das Oktoberfest in München oder die Massenerschießungen in China, da regt sich keiner drüber auf. Das IOC hätte damals am besten alle Vorwürfe öffentlich zugegeben und dann einfach gesagt: »Ach kommt schon Leute, so ist das halt beim IOC, das ist der olympische Klüngel!« Schon hätte sich keiner mehr aufgeregt, alles hätte fröhlich gelacht und die Sache wäre vom Tisch gewesen. Von Köln lernen heißt siegen lernen!

Köln Krimis

Sollten Sie an ihrem Wohnort auf eine hohe Kriminalitätsrate Wert legen, so ist Köln im NRW-Landesvergleich zu Düsseldorf leider nur zweite Wahl. Trotz der Köln Krimis und der vielen Krimiserien, die in Köln spielten und spielen, in denen laufend Menschen umgebracht werden, kam die echte Polizeistatistik für '98 leider nur auf popelige zwei Morde. Enttäuschend, keine Frage. Das ist mit Sicherheit kein Weltstadtniveau.

Mit der Kriminalitätsstatistik in Köln ist das ein bißchen verzwickt. Wenn man sich die Zahlen für 1999 ansieht, muß man leider feststellen, daß die Verbrechensrate im Vergleich zum Vorjahr um vier Prozent gestiegen ist. Aber wir wären nicht in Köln, wenn man eine solche Zahl einfach so akzeptieren würde. Der neue Polizeipräsident Hagen aus Steffenhagen (oder umgekehrt) verfiel deswegen auf die originelle Idee, neuntausend Straftaten aus der Statistik zu subtrahieren mit der atemberaubenden Begründung, diese würden sich nur auf einen einzigen, großen, außergewöhnlichen Betrugsfall beziehen. Und das ist ja klar, so was zählt nicht mit, stimmt's? Und BUMSTI war die Verbrechensrate somit auf dem niedrigsten Stand seit 1991. Man muß nur Phantasie haben. Im Grunde könnte man ja auch alle Straftaten abziehen, die nicht von gebürtigen Kölnern begangen wurden, oder auch alle, die rechtsrheinisch passiert sind, weil das ja eigentlich gar nicht richtig Köln ist. Es gibt also noch viel Interpretationsspielraum für

Herrn Steffenhagen, einen Imi, der sich sehr schnell angepaßt hat. Nehmen Sie ihn sich zum Vorbild.

Das organisierte Verbrechen in Köln ist unkölscherweise sehr gut organisiert. Ein Capo wurde allerdings vor einiger Zeit zu siebeneinhalb Jahren Knast verurteilt. Er hatte die Türsteher-Szene kontrolliert. Goldene Regel: Wer die Tür kontrolliert, hat das Sagen, denn der kontrolliert auch den Drogenhandel und die Prostitution in dem Lokal. Falls Sie sich also beruflich verändern wollen: Die Stellen des Rotlicht-Paten und einiger Rotlicht-Patenkinder mittlerer Einkommensstufe sind neu zu besetzen. Einstellungsbedingungen: Teamgeist, Kreativität, Erfahrung im Umgang mit Baseballschlägern (ohne Ball), Türkisch- und/oder Albanischkenntnisse, Bereitschaft zu Überstunden.

Wir wollen die Arbeit der Polizei nicht schlecht machen. Das tut sie nämlich selber, hoho. Kleiner Scherz. Na ja, jedenfalls liegt die Aufklärungsquote der Kölner Polizei ganze zwei Prozent unter dem Landesdurchschnitt. Aber seien wir nicht unfair: Sie muß auch mit dünner Personaldecke und veralteter Ausrüstung auskommen. Das führt unter anderem dazu, daß kleinere Polizeiwachen im Grunde nie besetzt sind, sondern nur zu solchen Öffnungszeiten, die jeden Postbeamten als übereifriges Arbeitstier erscheinen lassen. Die Dellbrücker Wache zum Beispiel soll ganz geschlossen werden, um »den Service zu verbessern« (Polizeihauptkommissar Knoob). Dabei sind die Kölner Kriminalbeamten wirklich helle. Als im März 2000 ein Mann gefesselt, geknebelt, blutüberströmt und tot in seiner Badewanne gefunden wurde, ging die Polizei sofort »von einem Verbrechen aus«. Denen kann man so leicht nichts vormachen.

Eines der beliebtesten Kölner Volksdelikte ist inzwischen der gute alte Auto-Vandalismus. Ein richtiger Autoschänder kann schon mal locker dreißig Fahrzeuge am Stück demolieren (in manchen Straßenzügen in der Südstadt braucht man da nicht ein einziges Mal den Arm runterzunehmen). Außenspiegel werden abgeknickt, Scheinwerfer eingeschlagen, Lack zerkratzt, eingekreiste Dreistrahlsterne abgerissen. Solche Gewaltorgien fanden 1999 über ein dutzendmal statt, und sie setzten sich 2000 munter fort. An Einzelfällen registrierte die Polizei locker-flockige 4.254 puttgemachte Autos, bei 731 konnte man den Täter ermitteln (war halt nicht so clever von denen, ihr Autogramm in den Lack zu kratzen). Und der Sport ist nicht nur was für junge Leute: In Sülz wurde eine siebzigjährige Frau zur Legende, die über sechzig Autos in der Nachbarschaft mit ihrem Monogramm verzierte, weil sich die Nachbarn über ihren Hund beschwert hatten. Können Sie diesen Rekord brechen?

Tip für Imis!

Wenn Sie einen Mercedes haben: Lassen Sie ihn nicht draußen stehen. Und was die Versicherung gegen Vandalismus angeht: Vereinbaren Sie eine möglichst geringe Selbstbeteiligung, das läppert sich nämlich sonst schnell.
Übrigens steigt auch die Zahl der Autoaufbrüche, besonders in der Innenstadt. Vergessen Sie keine Wertgegenstände in Ihrem Wagen, also Bargeld, Schmuck, Kinder oder Handys.

Wenigstens bei der Zahl der Gewaltdelikte darf sich Köln rühmen, die Spitze vor Düsseldorf übernommen zu haben. Und bei einem speziellen Sektor nicht nur vor Düsseldorf, sondern vor allen anderen Städten Deutschlands: Köln ist stolze Hauptstadt der Vergewaltigungen! 1999 gab es satte dreihundert Vorfälle. Auf hunderttausend Einwohner kommen einunddreißig sexuelle Attacken – zum Vergleich: In Hamburg sind es zwanzig, in Frankfurt zweiundzwanzig. Damit kann man wohl all denen endgültig das Maul stopfen, die behaupten, Köln sei nur ein Provinznest ohne echte Großstadtelemente. In diesem Weltstadtkriterium hängt Köln inzwischen alle ab! Sogar ein Taxifahrer hat schon eine Kundin in seinem Wagen vergewaltigt. Noch spektakulärer war der Fall eines einundvierzigjährigen Familienvaters, der, ohne nennenswert betrunken zu sein, nachts wegen dem »wunderschönen Gefühl« völlig nackt mit dem Fahrrad durch die Südstadt gefahren war, um anschließend eine Studentin zu vergewaltigen. Ihm war die junge

Frau als »eine Fee wie aus einem Sommernachtstraum« erschienen, und er meinte, in ihren Augen lesen zu können, daß sie sich »einen stürmischen Liebhaber« wünschte. Nicht jeder Vergewaltiger in Köln hat so schöne Entschuldigungen parat, vor allem, weil nicht alle einen so gewaltigen Dachschaden haben.

Höchstens noch das sogenannte »Sexphantom«, ein junger Mann, der jahrelang in Parks Kinder mißbraucht hatte, Jungen wie Mädchen. Ein bißchen peinlich war das Ganze schon: Bereits im März 1992 war er wegen schweren Mißbrauchs in dreizehn Fällen zu einer Jugendstrafe und zu einer Therapie verurteilt worden. Diese Therapie machte ihm aber irgendwie keinen Spaß, weshalb er sie einfach abbrach – was niemanden großartig kümmerte. Der Mann wurde trotzdem entlassen, obwohl der Gerichtsgutachter seine Einschätzung an den Bewährungshelfer ins Negative änderte und Rückfälle prophezeite. Der Mann mußte sogar zwischendurch wegen Nötigung im Straßenverkehr ins Gefängnis – bei so etwas versteht man in Köln im Gegensatz zu Kindesmißbrauch keinen Spaß! Eine Therapie, zu der dringend geraten wurde, wurde weiterhin nicht durchgeführt. Er kam wieder auf freien Fuß, und es dauerte mehrere Jahre, bis man überhaupt auf ihn als den Serientäter kam. Das soll keine Kritik an den Behörden sein. Wie man in Kölle sagt: »*Et hätt noch immer jot jejange*«. Das sehen Sie daran, daß der Mann schlußendlich ja nach nur dreißig weiteren Fällen von Kindesmißbrauchs geschnappt wurde – also, was gibt es da zu meckern?

Köln ist offiziell die Drogenhauptstadt des Landes NRW, und die Zahl der Drogentoten steigert sich inzwischen in einem Maße, daß es fast schon nicht mehr lustig ist. Zwar hat man vor ein paar Jahren die offene Drogenszene am Neumarkt zerschlagen, aber die fand dafür schnell eine neue Bleibe: das städtische Gefängnis mit dem hübschen Namen *Klingelpütz*. Obwohl, »Gefängnis« ist im Grunde das falsche Wort. Das ist mehr so was wie ein Drogendealer-Erholungsheim. Da entspannt man sich ein paar Monate, liest ein paar gute Bücher, und wenn es einem nicht gefällt, kann man jederzeit gehen, vorzugsweise indem man Gitterstäbe durchsägt, was sehr einfach und immer mehr Leuten in letzter Zeit gelungen ist. Dabei war bis vor kurzem ein Ausbruch gar nicht vonnöten, denn die Häftlinge konnten ihre Drogengeschäfte stets bequem im *Klingelpütz* erledigen, und zwar unter tatkräftiger Hilfe von mehreren Wärtern, die bei der Beschaffung und dem Verkauf von Drogen nicht nur mithalfen, sondern ihn teilweise auch selbst durchführten. Wir schreiben dies in der Vergangenheitsform, weil inzwischen das Ganze doch etwas zu offensichtlich wurde. Spätestens, als im Februar 2000 ein Gefängnisinsasse freiwillig auf die vorzeitige Haftentlassung verzichtete, kam das den Leuten dann doch ein wenig verdächtig vor, irgendwie. Sooo gut ist das Essen da nun auch wieder nicht.

Bei einer großen Razzia ein paar Tage zuvor hatte man sämtliche Drogendepots kurioserweise leer vorgefunden: Jemand hatte die Häftlinge offensichtlich gewarnt. Drei Monate später standen einundzwanzig Wärter unter dringendem Verdacht, es gab Hausdurchsuchungen und Verhaftungen am Fließband. Die Zahl der Verdächtigen erhöhte sich bald auf über hundert. Der humorlose Kölner Stadt-Anzeiger nannte dies den »größten Skandal in der Nachkriegsgeschichte des Strafvollzugs in NRW«. Tjaha, auch an so was merkt man, das Köln die bedeutendste Stadt des Landes ist. Im langweiligen Düsseldorfer Gefängnis »Unter Ulmen« (warum nicht gleich »Glücksbärchi-Knast«?) ermittelte man zur gleichen Zeit gerade mal gegen vier poplige Dealer. Und so was nennt sich dann »Landeshauptstadt«.

Für Sie als alten Heroin-Junkie ist also diese Drogen-Quelle im Pütz vorläufig versiegt. Es wäre wohl auch ein bißchen umständlich gewesen, extra für etwas Kokain in den Knast zu wandern. Vor allem, weil die Preise dort nicht gerade niedrig gewesen sein sollen. Die Palette reichte von zwei Stangen Zigaretten bis »eine halbe Stunde in der Gemeinschaftsdusche, ohne Gummi«, was auch immer das bedeuten soll. Vielleicht wissen es die beiden Wärter, die zu Häftlingen sogar »sexuelle Beziehungen« unterhalten haben sollen. Einige weibliche Häftlinge wurden in der Gefängnisschule übrigens von einem Lehrer zu sexuellen Handlungen gezwungen. Na ja, warum sollte es im Knast auch besser zugehen als in Freiheit? Auch ein Wärter soll über Jahre hinweg drogenabhängige weibliche Gefangene zu sexuellen Handlungen gezwungen haben. Als Dank für diese »erzwungenen Schäferstündchen«, wie es der Kölner Stadt-Anzeiger poetisch umschrieb, besorgte er ihnen Drogen.

War das nicht nett von ihm? Warum also die ganze Aufregung? Der Bund der Strafvollzugsbediensteten beklagte umgehend den »verheerenden Eindruck, der durch die polizeiliche Großaktion entstanden ist«. Also, der verheerende Eindruck ist nicht durch die Drogengeschäfte der Wärter entstanden, sondern durch die Polizei, die die Sache aufgedeckt hat. Ist ja wohl logo. Das fand auch der Sprecher des Justizvollzugsamtes Rheinland, der das Ganze folgendermaßen bagatellisierte: »Ich will das gar nicht bagatellisieren, aber bei 350 uniformierten Bediensteten und den speziellen Problemen in der Kölner JVA mit der hohen Rate von drogenabhängigen Untersuchungshäftlingen gibt es leider auch ein paar schwarze Schafe unter den Bediensteten.« Genauer: ein paar schwarze Schafe und einige hundert graue, denen diese Vorgänge unmöglich verborgen geblieben sein konnten und die nichts gesagt haben. Aber wer will so kleinlich sein?

Tip für Imis!

Sollten Sie eine Karriere als Krimineller in Erwägung ziehen, ist Köln kein übles Pflaster. Sogar wenn Sie im Knast landen, bedeutet das nur eine unwesentliche Einschränkung Ihrer Freiheit, höchstens daß Sie nicht mehr allein übers Fernsehprogramm bestimmen können.

Falls Sie sich für eine Laufbahn als Gewohnheitsverbrecher nicht qualifiziert fühlen, so sollten Sie eine hohe Hausratversicherung abschließen (mit Fahrradschutz – 6.500 Diebstähle wurden 1999 gemeldet). Das kommt Sie auf jeden Fall billiger. Ach ja, sollten Sie zufällig Alarmanlagen oder Wachhunde verkaufen, so ist diese Stadt wie für Sie gemacht. Herzlich willkommen!

Verkehrserziehung
für Imis

Was zunächst nur als kleine Anmerkung zum allgemeinen Lebensgefühl Kölns geplant war, wuchs sich sehr schnell zu einem eigenen Kapitel aus: die Verkehrssituation. Kaum ein Thema scheint die Menschen dieser Stadt mehr zu elektrisieren, egal ob man nun Auto fährt, mit dem Fahrrad oder der Bahn unterwegs ist. Sogar Fußgänger können Romane erzählen über ihre aufregenden Abenteuer »in einer Stadt, deren Verkehrsplanung von halbsenilen Zirkusclowns regiert wird« (Eigenwerbung der Stadtverwaltung).

> »Der Name der Stadt ist so gleichgültig wie ihre Geschichte,
> die lediglich für den Tourismus, also aus kommerziellen Gründen,
> interessant ist. Im übrigen könnte sie Duisburg,
> Essen oder Stuttgart heißen,
> und sie ist wie alle Städte für die Autos und die Autofahrer da.«
> Heinrich Böll über Köln

Die Strassen von Köln

Ein dicker Künstler, dessen Namen wir immer wieder vergessen, hat einen goldenen Ford Fiesta mit großen, albatrosartigen Schwingen, welcher von den Kölnern nur das »Flügelauto« genannt wird, auf einem denkmalgeschützten Gebäude geparkt.

Der eigentliche Name des Objekts ist »Fetisch Auto«, und auch wenn man geteilter Meinung über die ästhetischen und künstlerischen Qualitäten des dicken Künstlers, dessen Namen wir immer wieder vergessen, sein kann, so hat er in diesem Fall wirklich ein Grundelement der kölschen Mentalität auf den Punkt gebracht: das Auto als Gott.

Dies ist natürlich überall in Deutschland so (weshalb diese Kölner Marotte auch diejenige ist, der sich Imis am schnellsten anpassen können), aber in Köln sind die Gläubigen lupenreine Fundamentalisten. Es gibt Unholde, die behaupten, das läge an der exzessiven angeborenen Faulheit der Kölner. Wie auch immer, die meisten Kölner gehen täglich in den Gottesdienst, der auf Kölns Straßen und Autobahnen abgehalten wird. Sie bringen Opfer dar; nicht nur finanzielle, sondern auch gesundheitliche und nervliche Entbehrungen werden gerne in Kauf genommen, um ihrem Gott zu huldigen. Immer mehr geben sogar ihr Leben hin, und das ihrer Kinder gleich dazu, und verleihen damit dem Wort »Verkehrsopfer« eine ganz neue Qualität. Diese fundamentalistische Religion ist bedeutend stabiler als der Katholizismus, der in Köln sowieso ein Auslaufmodell ist. Die Kirche könnte vielleicht Gläubige zurückgewinnen, indem sie statt eines Altars einen BMW in den Kirchenchor des Doms stellt.

Die neue Ratsmehrheit aus CDU und FDP weiß um die tiefe Religiosität der Kölner Autofahrer und nimmt darauf Rücksicht. Bei der Vorstellung ihres Koalitionsvertrages sagte der möglicherweise betrunkene FDP-Frühstücksdirektor: »Wir machen Köln zu einer autofreundlicheren Stadt, in der ein attraktiver öffentlicher Personennahverkehr zum Umsteigen lockt.« Genausogut hätte der Mann sagen können: »Wir sprengen Köln in die Luft, um mehr Parkplätze zu schaffen«, das hätte ähnlich viel Sinn ergeben. Dieser Vorschlag war aber von der CDU mit knapper Mehrheit abgelehnt worden. Im Gegensatz zu dem Beschluß, sich dem frevelhaften Ansinnen der EU zu widersetzen, einmal im Jahr einen autofreien Werktag einzuführen, an dem einige Straßen und Plätze der Innenstadt für den Autoverkehr gesperrt bleiben. Viele europäische Metropolen machen mit, aber in Köln kann man über diese Gotteslästerung nur den Kopf schütteln.

Dafür hat man alles Denkbare versucht, um zum Beispiel die

Arbeit von Mitfahrzentralen zu erschweren. Diese vermarkten zwar auch das Auto, aber mit der ketzerischen Zielsetzung, die Zahl der stinkenden Götter zu *verringern*! »Sakrileg!« schrien die Kölner und interpretierten eine Vorschrift des Landes NRW derart ultraorthodox, daß man den Mitfahrzentralen verbieten wollte, am Wochenende zu arbeiten, und drohten mit Zwangsschließung. Sogar der ADAC wunderte sich: Die »starre Haltung der Stadt Köln« könne man sich nicht erklären. Wir schon. Im Gegensatz zu der Idee, für sechshundert Millionen Mark den Ausbau des Kölner Autobahnrings voranzutreiben. Außerdem sollen die Standstreifen freigegeben werden – damit die endlich auch mal kaputtgefahren werden können. Dies hat den durchaus weisen Vorteil, daß bei den immer zahlreicheren Unfällen auf Kölns Autobahnen die Retter nicht mehr rechtzeitig eintreffen, die Unfallopfer qualvoll (und für den Zuschauer äußerst fotogen) sterben, woraufhin wieder etwas mehr Platz auf den Straßen frei wird. Da bekommt man doch gleich Respekt vor den weitsichtigen Kölner Kommunalpolitikern, nicht wahr?

Vor einiger Zeit sind an einem Badesee bei Köln circa sechzig Autos von Badegästen unter mysteriösen Umständen in Flammen aufgegangen und ausgebrannt. Unserer bescheidenen Meinung nach war das nichts anderes als ein Zeichen Gottes – und es bewirkte genauso viel wie alle anderen Zeichen des Herrn. Das Auto ist und bleibt in der Domstadt mehr als irgendwo sonst in Deutschland das Verkehrsmittel Nummer 1. Die Zulassungszahlen in Köln sind auf das Spitzenniveau von 550.000 Autos angestiegen, die Gesamtzahl der Autos stieg seit 1990 um dreißig Prozent, und Regierungspräsident Roters glaubt goldrichtig, daß der Verkehr, besonders der Lkw-Verkehr, weiter zunehmen wird. Der aktuelle Rekordstand bei Verkehrsstaus auf dem Kölner Autobahnring lag bei Drucklegung dieses Buchs bei hundertsechzig Kilometern. Tja, die Kölner sind eben mobil, wollen frei und unabhängig sein. Angesichts dessen, daß sie ihre Stadt praktisch nie verlassen, erscheint das zunächst einmal eigenartig, aber es täuscht. Es ist nicht so, daß die Kölner ihre Autos »brauchen«. Im Gegenteil, in kaum einer anderen Stadt in diesem Sonnensystem dürfte das Auto so überflüssig sein, denn praktisch das gesamte kulturelle Leben findet in den wenigen Quadratkilometern der Innenstadt statt. Für viele – vor allem junge – Kölner ist Autofahren selbst aber das größte Freizeitvergnügen, eine »Erlebnissuche nach Gefahr« oder die »Suche nach dem besonderen Kick«, wie die Polizei es treffend umschreibt. Großes Vorbild ist da wohl Michael Schumacher, der ja bekanntlich ganz in der Nähe aufgewachsen ist. Inzwischen lebt er in der Schweiz wegen des schönen Wetters, der günstigen Menschen und der sympathischen Steuersätze, aber sein Geist ist auf den Straßen und Autobahnen in und um Köln stets gegenwärtig. Vielleicht wäre es nicht die übelste Idee, an allen Kölner Straßenrändern ausreichend Reifenstapel und Heuschober aufzubauen. Freie Fahrt!

Gut, das Ganze hat auch irgendwo eine Schattenseite, zum Beispiel diese ganzen zerfetzten Leichen, die die Fahrbahn verschmutzen. Den Anstieg der Verkehrsunfälle in Köln hat der Stadt-Anzeiger nicht ganz unzutreffend als »dramatisch« bezeichnet. 1999 betrug die Steigerung satte 7,4 Prozent im Schatten. Geradezu exzessiv ist der Anstieg der durch Alkohol bedingten Unfälle, im ersten Halbjahr 2000 stieg die Zahl mal eben um zweiunddreißig Prozent. Alle vierzehn Minuten gibt es in Köln einen Verkehrsunfall. Schwerpunkt sind dabei die Hauptverkehrsstraßen, weil den Kölnern das Fahren in verkehrsberuhigten Zonen schlicht keinen Spaß macht. Sollten Sie in der Nähe einer stark befahrenen Straße wohnen, könnte es nicht schaden, eine höhere Unfallversicherung abzuschließen.

Tip für Imis!

Wenn Sie mal Lust haben, sich einen netten Nachmittag zu machen, ohne viel Geld auszugeben, dann setzen Sie sich mit einem Klappstuhl an die Innere Kanalstraße in der Nähe der Zoobrücke. Da gibt es jedes Jahr zweihundert Unfälle, aufregende Zusammenstöße sind da also todsicher. Der Neumarkt wird auch immer attraktiver aufgrund seiner äußerst kreativen vielstreifigen Fahrbahn, deren innere Logik sich auch dem gewieftesten Chaosforscher entzieht. Auch die Barbarossakreuzung, die aus unbekannten Gründen »Barbarossaplatz« genannt wird, bringt es auf über hundert Unfälle im Jahr. Das mag jetzt speziell für die Beteiligten eher unerfreulich sein, Sie können sich das aber zunutze machen: Wenn Sie für eine der Parteien vor Gericht eine Aussage abliefern sollen, wäre das ein netter Nebenverdienst. Aber lassen Sie sich nicht verschaukeln: Ihr Honorar beträgt minimum die Hälfte des Streitwerts!

*»Barbarossakreuzung:
7 Straßen, 7 Bahnlinien«*

Die Zahl der Unfälle und vor allem der Verkehrstoten in Köln steigt seit Jahren stetig an. Damit entzieht sich die Stadt geschickt dem Bundestrend, denn in Gesamtdeutschland befindet sich die Zahl der Verkehrstoten auf historischem Tiefststand, besonders innerhalb von Ortschaften. Die originellen Kölner widersetzen sich hier also dem Zeitgeist auf besonders eindrucksvolle Weise. Sollen die anderen Langeweiler und Feiglinge sich ans Tempolimit halten, die Vorfahrt beachten und »blinken«, die Kölner sind da ganz anders gestrickt, die haben Mut, und das wird auch an die kommende Generation weitergegeben: Jedes dritte Kind ist nicht richtig angeschnallt. So sind sie halt die Kölner: wahre Freigeister, die mit Vorschriften und Konventionen brechen, wann immer es geht. Sie sollten von dieser Einstellung lernen. Was die Zahl der Verkehrstoten angeht, muß man sowieso mal Entwarnung geben, da wird auch viel übertrieben und durch Statistiken verfälscht. Die meisten Toten sind nämlich nur Radfahrer. Und die sind halt selber schuld. Die sollen auch Auto fahren wie jeder anständige Kölner, dann würde denen auch nichts passieren. Ist doch logisch: Wenn alle Radfahrer Auto fahren würden, dann würden auch keine Radfahrer mehr überfahren! Und überhaupt: Die tun immer so, als gehörten ihnen die Radwege ganz alleine!

Jeden Tag verunglückt außerdem im Schnitt ein Kind, aber ich schätze mal, dieses Risikoalter haben wir schon hinter uns gebracht, nicht wahr? Also, auch dies kein Problem. Sie sehen: Im rechten Licht betrachtet – und die Kölner sind wahre Weltmeister darin, etwas im rechten Licht zu betrachten – ist die Unfallrate in Köln gar nicht so furchtbar. Zumindest ist sie kein Grund, sich an die Straßenverkehrsordnung oder sonstige Freiheitsbeschneidungen zu halten. Etwas weinerlich beklagt die Polizei, daß rüdes Drängeln und Ausbremsen auf Kölns Straßen stark zunimmt. Unken rufen, es werde der Tag kommen, an dem beim Rosenmontagszug der Wagen mit dem Politiker auf der Kanonenkugel direkt in die aktuelle Betrauerung von Fortuna Kölns Abstieg aus der Oberliga reindonnert (»*Jetz jev Jas du Jeck!*«). Für Sie als autofahrenden Imi bedeutet das, Sie sollten sich der allgemeinen Auffassung von korrektem Fahrverhalten anpassen, die da lautet: »Verkehrsregeln sind was für Babys und Kommunisten!« Auch sollten Sie nicht vergessen, vor der Fahrt möglichst viel Alkohol zu trinken, um in die richtige Stimmung zu kommen. Im ersten Quartal 2000 gab es bei den alkoholisierten Fahrern im Vergleich zum Vorjahr einen Anstieg um vierzig Prozent. Sich nüchtern ans Steuer zu setzen, gilt hier inzwischen als Stigma. Und Sie wollen doch keiner von diesen *Möhnejrößern* sein? Und unterstehen Sie sich, nach einem Unfall einfach dazubleiben! Fahrerflucht gehört spätestens seit Willy Millowitschens Exkursen zur kölschen Kultur und stieg im Jahr '99 allein um fast zehn Prozent an. Die Verkehrspolizei bemerkt dabei, daß »das Unrechtsbewußtsein weiter gesunken ist«, aber was wissen die schon. Wenn man jemanden totgefahren hat, dann ist der halt tot, was soll man da noch machen? Man ist doch nicht Gott, so was passiert halt.

Tip für Imis!

Aufgrund der steigenden Unfallzahlen ist in Köln gewiß noch Platz für ein weiteres Abschleppunternehmen. Hier wartet eine berufliche Chance auf Sie. Ebenfalls boomen Jobs wie Verkehrspolizisten, Pathologen und für Leute, die sterbliche Überreste aus dem geschmolzenen Metall rauspulen. Dafür braucht man noch nicht einmal eine Ausbildung.

Außerdem ist es ein offenes Geheimnis, daß die Stadt im Grunde gar nichts gegen Verkehrsunfälle hat. Im Gegenteil, diese wurden sogar durch zwei Maßnahmen gefördert: Zum einen hatte man abends ab 22 Uhr Ampeln bis auf ein gelbes Blinklicht abgeschaltet, woraufhin nach einer anfänglichen Phase des Zauderns die Zahl der Schnellfahrer erheblich zunahm. Ein sehr gutes Ergebnis. Aber noch effektiver ist die Einführung des bei den Kölnern äußerst populären »Grünen Pfeils«, einer Errungenschaft aus der ehemaligen DDR. Wenn an einer Ampel ein grüner Pfeil nach rechts weist, darf man abbiegen, auch wenn die Ampel rot zeigt. Manche Kritiker nörgeln, daß diese Verkehrsregel in den Händen jedes Kölners zu einer »blutigen Waffe« wird. Eigentlich muß man ja auch zunächst anhalten und sich vergewissern, daß keine Fußgänger oder Radfahrer über die Straße gehen, aber mit solchen Albernheiten hält sich der Kölner Autofahrer natürlich nicht auf. Man will ja schließlich nicht den Verkehrsfluß bremsen. Sollte sich vor Ihnen also jemand tatsächlich an diese Regel halten und zuerst stoppen, hupen Sie ihn kräftig an, er wird es sich merken. Und wenn ein Kind an so einer Stelle erst mal zwei- oder dreimal angefahren wurde, wird es die Situation auch verstanden haben. So was regelt sich ganz von alleine.

Noch in Planung ist die zweifellos glänzende Idee, auf einigen Hauptstraßen in der Innenstadt das Tempolimit zu erhöhen. Nicht gewaltig – nur von Fall zu Fall von 50 auf 70 und von 70 auf 100 (wodurch der Bremsweg freilich glatt verdoppelt wird). Die CDU hat nämlich festgestellt, daß ihr Lieblingsklientel, die Autofahrer, seit Jahren immer mehr gegängelt werden und langsamer durch die Stadt fahren müssen, was dazu führt, daß die armen Autofahrer ständig die Geschwindigkeitsbegrenzung überschreiten und dann Unfälle bauen, bei denen alle zwei Wochen jemand draufgeht. Verblüffenderweise gibt der Verkehrsdezernent selber zu, daß »generell die Zahl der Unfälle durch höhere Geschwindigkeit zunimmt«. Also, je höher die Geschwindigkeit, desto mehr Unfälle – also läßt man die Leute schneller fahren. Eine etwas zynische Formel, das muß man zugeben. Die neuen Tempolimits mögen nun etwas albern klingen, einen so großen Effekt wird das ja nicht haben, wenn man mal ein paar Meter 70 fahren darf statt 50 – aber das sind wertvolle Zehntelsekunden des Lebens, die sollte man weise nutzen. Und die Kölner Autofahrer sind ja keine Trottel – die wissen, daß man erst bei einer Überschreitung des Tempolimits um 20 km/h Punkte in Flensburg kriegt. So dürfen Sie sich schon mal drauf freuen, in Zukunft mit locker-flockigen 120 km/h durch die Kölner Innenstadt zu brettern.

Aber der Kölner Verkehr bietet mehr Unterhaltung als filmreife Crashs und blutüberströmte zerfetzte Leichen. Er kann auch wirklich unterhaltsam und spannend sein: Besonders »in« ist zur Zeit die Extremsportart »Cablescratching«, wo man versuchen muß, mit seinem Lkw die Oberleitungen der Straßenbahnen abzusäbeln. Mit ein bißchen Übung schafft das jeder. Mindestens dreimal die Woche werden Sie in der Zeitung von so einem Vorfall lesen. Wie jeder echte Spaß bewegt sich leider auch dieser Sport in einer juristischen Grauzone. Lassen Sie sich am besten nicht erwischen.

Abgesehen von den vielen aufregenden Unfällen hat die Kölner Verkehrssituation aber auch Schattenseiten. Man kann zum Beispiel in der Innenstadt nicht links abbiegen. Nirgendwo. Es geht nicht. Die Wissenschaft steht vor einem Rätsel, warum Leute überhaupt mit dem Auto in die Innenstadt fahren.

Warum fahren die Kölner überall mit dem Auto hin?
Aus dem selben Grund, warum sich Kater die Genitalien lecken: Weil sie es können.

Hier lacht der Imi

Man kann mit dem Auto aber auch kreuz und quer durch die zentrale Einkaufszone der Innenstadt fahren, und niemand denkt sich was dabei. Infolgedessen fahren die Kölner sehr gerne mit dem Wagen in die City. Dabei werden sie aber böse hinters Licht geführt, denn sie vergessen eines: Nur weil man mit seinem Wagen überall hinfahren kann, kann man ihn deshalb noch lange nicht überall *parken* ...

Köln wurde von so 'ner Torte namens Agrippina gegründet, das war eine Römerin mit sehr interessanten Hobbies: Inzest, mehrfacher Gattenmord, und außerdem hat sie ständig im Halteverbot geparkt. Die Kölner eifern ihr gerne nach, also zumindest bei letzterem. Eigentlich gibt es in Köln genug Parkplätze – nur leider alle an der falschen Stelle. Und die Parkhäuser, die größtenteils stets leer stehen, sind den Leuten zu teuer (vier Mark die Stunde). Die schlimmsten Parkplatzprobleme gibt es in der Kölner Südstadt. Na ja, so ganz stimmt das nicht. Schließlich gibt es dort gar keine Parkplätze, wie kann etwas, das es gar nicht gibt, Probleme verursachen? Die schlichte Wahrheit ist: In der Kölner Südstadt gibt es ein *Auto-Problem*. Im Durchschnitt hat jeder Einwohner dort drei Autos, und das gilt auch für die Kinder. Die Zahl der Parkplätze hingegen beläuft sich auf ganz genau dreiundsiebzig.

Die Konsequenzen, die sich daraus ergeben, kann man nur als apokalyptisch bezeichnen. Unter den dortigen Parkplatzsuchenden herrscht eine Art Endzeitstimmung, ein Konkurrenzkampf ums nackte Überleben, fressen oder gefressen werden. Stellen Sie sich vor, Sie sind in der Wüste, sind halb verdurstet und suchen verzweifelt die letzte Punica-Oase. Sie wissen nicht, ob es überhaupt noch eine gibt, und wenn ja, wo sie sein könnte. Und gleichzeitig sind noch fünftausend andere Jäger auf der Suche. Die Gefahren dieser Zustände sind nicht zu unterschätzen. Wegen so was werden Menschen zu Tieren! Nur ein Beispiel: Ein 25jähriger Porschefahrer hat jahrelang den Behindertenausweis seiner toten Großmutter benutzt, um kostenlos im Agnesviertel parken zu können. Das sind Schicksale, was?

Tip für Imis!

Sollten Sie ein Auto haben, ziehen Sie um Gottes Willen nicht in die Südstadt. Das ist nur was für abgewrackte Neurotiker, denen inzwischen sowieso alles egal ist. Wolfgang Niedecken wohnt übrigens auch da. Apropos Parken: Sollten Sie bei Ihrer Parkplatzsuche eine Stelle finden, an der sich Straßenbahnschienen befinden, sollten Sie nicht versäumen, genau dort Ihr Auto abzustellen.[4] Das wird dann zwar wahrscheinlich abgeschleppt, und Sie müssen ein Bußgeld zahlen, aber dafür können Sie noch monatelang in dem Machtrausch schwelgen, ganz allein das öffentliche Verkehrssystem der Stadt für Stunden lahmgelegt zu haben.

---

4 In manchen engen Straßen, wie am Zülpicher Platz, reichen schon wenige Zentimeter.

Vielleicht klingt das alles für Sie jetzt ein wenig total dämlich. Es fahren zu viele Autos rum, also kommt man den Autofahrern entgegen und sorgt dafür, daß *noch mehr* Autos rumfahren. Gewiß, das hat einen gewissen schwachsinnigen Charme, aber macht nicht gerade organisierte Verblödung eine Stadt erst liebenswert?

Dies alles ist für den Zustand der Straßen freilich eher kontraproduktiv. Die Stadt Köln schiebt für den Straßenbau seit Jahren einen Reparaturstau von hundert Millionen Mark vor sich her. Schlaglöcher werden nur notdürftig ausgebessert, die Leute ziehen »wirklich mit der Schippe von Schlagloch zu Schlagloch«, wie sich der zuständige Amtsleiter ausdrückte, der für die Zukunft sogar Straßensperrungen wegen zu schlechten Fahrbahnzustands nicht ausschloß. Selbst für die Reparatur von Hauptstraßen fehlt das Geld. Dabei ist der Straßenbau trotz allem das liebste Hobby der Stadtplanung »in dieser autobahnumschlungenen, ja von Autobahnen umzingelten, von Autostraßen zerschnittenen Stadt« (Heinrich Böll). Als Imi steht Ihnen bei der ersten Erkundung der Innenstadt ein unvergeßliches Erlebnis bevor: Sie flanieren oder radeln durch die Straßen, und auf einmal BUMSTI stehen Sie mitten in der Stadt vor einer *Autobahn*!

»Wenn das der Führer wüßte«

135

Die sogenannte »Nord-Süd-Fahrt«, aus mehreren Gründen auch kurz »NS-Fahrt« genannt (es war ein Projekt der Nazis), eine streckenweise zehnspurige Autobahn, verläuft tatsächlich mitten durch die Innenstadt. Das ist echtes Großstadt-Feeling! Dennoch wird nun nach nur zwanzig Jahren der Planung tatsächlich ernsthaft erwogen, einen Teil der prachtvollen NS-Fahrt zu untertunneln. Viele befürchten dadurch schon eine Verödung der Kölner City. Aber in Wirklichkeit wird Bauplatz für neue Kauf- und Modehäuser geschaffen, die das Ganze auch bereitwillig sponsern. Ohne Investoren läuft gar nichts, weshalb es auch – entgegen dem erklärten Wunsch der Bürger – keinen großen freien Platz mit Straßencafés geben wird, keinen Biergarten, keine Grünanlagen in dieser malerischen Betonwüste – das wäre auch ein Stilbruch, wie sähe das denn aus? Bis auf einen Streifen in der Nähe der Christophstraße, gibt es so etwas in der City nicht. Das dürfte international wohl einmalig sein – aber die Kölner zeigen eben gerne ungewöhnlichen Mut zur Häßlichkeit. Der Friesenplatz war die letzte Chance, so einen Ort der Entspannung zu erschaffen, aber die Firma Gerling zog es dann doch vor, darauf einen riesigen Wolkenkratzer für die neue Konzernzentrale zu errichten. Muß man ja verstehen – Versicherungskonzerne leben bekanntlich hauptsächlich von Laufkundschaft. Ähnlich verfuhr man mit der Breite Straße, wo das sogenannte »DuMont-Carré« (ein Geschäfts- und Bürohaus) hochgezogen wird, »um ein Stück neue Urbanität in die Innenstadt zu bringen«. Der auf der nördlichen Seite gelegene Offenbachplatz, der letzte freie Platz in der Innenstadt, würde durch die Untertunnelung der NS-Fahrt sogar verkleinert. So lebt man in Köln das Konzept der dynamischen Metropole leidenschaftlicher als überall sonst auf der Welt aus: Wo immer ein bißchen Platz ist – zubauen! Nur an einer völlig verbauten Innenstadt erkennt man, daß man in einer Weltstadt ist. Außerdem bergen solche Plätze die Gefahr, daß die Menschen aufhören, in größter Hetze exzessiv einzukaufen und sich statt dessen entspannt zurücklehnen und einer umsatzschädigenden Behaglichkeit zu frönen. So was muß verhindert werden! Und das muß man den Kölner Stadt- und Verkehrsplanern wirklich lassen: Es ist ihnen gelungen.

Beinarbeit in Köln

Auch wenn die Stadt gerne versucht, es zu leugnen, aber auch in Köln muß man ab und zu zu Fuß gehen. Dies wird zwar unterbunden, wo es nur geht, aber völlig unvermeidbar ist es eben doch nicht. Auch Radfahrer trauen sich noch auf die Straße, obwohl wirklich kein Tag vergeht, an dem nicht mindestens einer über den Haufen gefahren wird.

Spätestens sechs Monate nach Ihrem Zuzug werden Sie aufhören, sich für Fußgängerampeln zu interessieren. Die Ampeln in Köln sind nicht gerade auf Fußgängerfreundlichkeit gepolt, um es vorsichtig zu formulieren. Wichtig ist nur, daß der Autoverkehr fließt, am besten überhaupt nicht zum Stehen kommt. Dieser Grundsatz führte teilweise zu geradezu bizarren Auswüchsen: An mehreren Straßenbahnhaltestellen wurden zur Überquerung der Straßen nicht etwa Fußgängerampeln installiert, sondern bedeutend kostspieligere große Brücken, die dem gemeinen Fußgänger eine mittlere Kletterpartie und dem Rollstuhlfahrer Todesmut und Obelix-Kraft abverlangen, falls die Besteigung rein technisch nicht sowieso völlig unmöglich ist – und dies nur, damit keins der wenigen Autos, die dort fahren, für vier Sekunden zum Anhalten gezwungen wird. Aber vielleicht ist es besser so. Wenn man bedenkt, wie Fußgängerampeln in Köln geschaltet werden, kommt man auf diese Weise wohl immer noch zehnmal schneller und sicherer über die Straße.

Überhaupt haben die Kölner aus uns unbekannten Gründen eine tiefe Abneigung gegen Rollstuhlfahrer und versuchen, denen das Leben so schwer wie möglich zu machen. Sie werden häufig Opfer von Gewalt – eine Mitarbeiterin vom »Weißen Ring« erklärte: »Jeder dritte Überfallene, den ich betreue, ist ein Mensch mit Behinderungen«.

Auch im Alltag hat der Behinderte nichts zu lachen. Das bekamen zuletzt auch die Teilnehmer der Jahrestagung der Schwerbehindertenvertreter Nordrhein-Westfalens zu spüren, die die Unverfrorenheit besaßen, sich im Spanischen Bau des Rathauses rumzutreiben, um dort zu tagen. Zumindest haben sie es versucht. Allerdings gab es keine Behindertenrampen am wichtigsten Gebäude der Stadt, so kam man also gar nicht erst rein. Aber anstatt diesen Wink mit dem Zaunpfahl zu verstehen (»Wir brauchen hier keine Krüppel, verzieht euch!«), schlichen sie sich durch die Hintertür ein. Dann wurden sie freilich von den Aufzügen gestoppt, in denen die Knöpfe unerreichbar hoch angebracht waren. Und als letztes Bollwerk gegen die rollstuhlfahrenden Invasoren gab es keine Behindertentoiletten im Gebäude. Man rollte also zum Historischen Rathaus. Das wurde freilich gerade saniert, und man konnte nicht hinein. Diese perfekte Logistik hatte Erfolg: Die behinderten Delegierten wollten die Veranstaltung aus Protest verlassen. Leider hat dann irgendein Depp doch die Tür des historischen Rathauses geöffnet. Schade, bis dahin funktionierte alles so gut. Da sollte sich die Stadt ein Beispiel an den öffentlichen Verkehrsmitteln nehmen. Wie man dort Behinderten das Leben vermiest, das hat international unerreichtes Spitzenniveau! Mehr dazu im Kapitel »Öffentlich. Persönlich. Nah. Verkehrt.«.

Durch die Innenstadt zu lustwandeln, ist allerdings für den einfachen Fußgänger sehr entspannend. Vor allem wegen der vielen, vielen Pausen, die einem von den Verkehrsampeln verordnet werden. Am Neumarkt kann man die Rotphasen nutzen, um ein paar nette Menschen kennenzulernen, eine kleine Oper zu komponieren oder sich aus einer spontanen Verzweiflungslaune heraus vor die Autos zu werfen. Es gibt unzählige kuriose Fußgängerampeln in Köln, wir begnügen uns hier mit der Schilderung des bizarrsten Beispiels:

»Haltestelle Boltensternstraße – Austragungsort für die Paralympics«

Im Stadtteil Mülheim erzählt man sich eine faszinierende Legende: Irgendwann haben einmal ein paar Labormutanten, die aus einer sowjetischen Irrenanstalt nahe Tschernobyl ausgebrochen waren, alle Seitenstraßen der »Einkaufsmeile« Frankfurter Straße in Einbahnstraßen umfunktioniert und an jeder eine Fußgängerampel angebracht. An diesen Ampeln stehen jeden Tag Tausende von rechtschaffenen Bürgern und warten darauf, daß der Frühling kommt. Ab und zu zockelt auch mal ein Auto durch, aber doch sehr selten, und dann applaudieren die meisten der Ampelmännchen, weil sie wenigstens nicht umsonst ihre Zeit vertan haben. Wir halten diese Geschichte für ein albernes Märchen – verstrahlte geisteskranke Labormutanten, also so ein Blödsinn. Wir glauben vielmehr folgendes: Das Ganze ist nur ein raffinierter Plan, um den Gastronomen in Mülheim zu mehr Kundschaft zu verhelfen. Die armen Gestalten, die eigentlich nur mal schnell Brötchen oder eine Aufenthaltsgenehmigung holen wollten, kriegen auf dem etwa halbstündigen 700-Meter-Marsch vom Mülheimer Bahnhof zum Wiener Platz natürlich irgendwann Hunger und kehren schnell in ein Lokal ein. Auch eine Methode.

Zurück in die Innenstadt, das El Dorado des masochistischen Fußgängers. Ja, Spazierengehen ist in Köln schon längst ein Extremsport. Die geradezu kafkaeske Unübersichtlichkeit der Innenstadt ist nichts für Weicheier mit schwachen Nerven. Es ist verblüffend: Wo immer man die beiden Fußgängerpfade Hohe Straße und Schildergasse verläßt, befindet man sich schon nach zehn Metern in einer Art urbaner Ödlandschaft. Eben waren Sie noch im dichtesten Gedränge einer hoffnungslos überfüllten Einkaufsstraße, plötzlich befinden Sie sich in einer Geisterstadt. Vereinzelt streunen Kojoten umher, und die Geier kreisen über einem und warten darauf, daß man verreckt. Nirgendwo Hinweisschilder, wo man sich befindet oder wie man wieder hier wegkommt. Nur Wegweiser zum nächsten McDonald's. Neulich hat man einen zerzausten alten Mann mit langem Vollbart am Breslauer Platz aufgegriffen, der sich als »Professor Livingston« ausgab.

»Im Hintergrund: Kölns wichtigste Einkaufsmeile«

Sollten Sie zu den immer zahlreicheren Menschen gehören, die sich gerne per Fahrrad fortbewegen, so kann man Ihnen Köln im großen und ganzen empfehlen. Am Rhein entlang zu radeln und über die Brücken zu fahren ist ein kostengünstiges Glückserlebnis, das einem niemand vermiesen kann – vor allem weil es da Radwege gibt, und Autofahrer, die Jagd auf Radler einstellen müssen. Insbesondere Lkw-Fahrer bringen mit viel Eifer Radfahrer um, weil sie beim Rechtsabbiegen keinen Bock haben, in den Rückspiegel zu sehen. Das wird aber durch eine Sache wieder aufgewogen: Die Kölner Fußgänger geben sich wirklich Mühe, nicht auf den Radwegen rumzulaufen. Da sind die schon richtig drauf dressiert, sogar wenn der Bürgersteig voll ist und gedrängelt wird, der Radweg wird nicht betreten. Allerdings parken die Kölner ihre Autos mit Vorliebe auf Radwegen, was dann auch wieder nicht schön ist. Besonders in Einkaufsstraßen sind die Radwege im Prinzip nicht existent, weil alle acht Meter ein Lieferwagen darauf parkt. Und wenn man denen dann spontan beim Vorbeifahren mit der Handbremsenklinke den Lack zerkratzt, gibt es gleich einen Riesenaufstand. Jedes Mal!

>*Mein Gott, was für ein Platz!*«
Der neue KVB-Chef Schrameyer
entsetzt über die U-Bahnstation Ebertplatz

Öffentlich. Persönlich. Nah. Verkehrt.

Die Kölner Verkehrsbetriebe, liebevoll KVB genannt (und weniger liebevoll »Kölner Verspätungsbetriebe«) gehen Wege, die man zumindest mit ihren eigenen Bahnen zuerst nicht nachvollziehen kann. Um die Institution KVB vollständig zu verstehen, muß man sich erst gewisse Grundlagenkenntnisse aneignen. Das Schönste an der KVB sind die immer noch aktiven alten Vorkriegsstraßenbahnen, in denen bereits die gute alte Frau Millowitsch ihren kleinen Willy mit zum Einkaufen genommen hat. In Thielenbruch gibt es ein Straßenbahnmuseum, überflüssigerweise. Vermutlich dient es der KVB aber auch als Ersatzteillager.

»Scheiß KVB!« ist einer der meistbenutzten Schlachtrufe der Kölner, gleich nach »*Kölle alaaf!*« und »Ficken!« (die beiden letzteren beim Kölner Karneval, der erstere ganzjährig). Es ist uns bisher noch nicht gelungen, jemanden ausfindig zu machen, der für die Kölner Verkehrsbetriebe etwas anderes empfindet als blanken Haß – mit Ausnahme von denen, die gar nicht mit ihr fahren. Und dies hat durchaus Gründe: Das kluge Management der KVB hat frühzeitig erkannt, daß der gemeine Fahrgast für die Zwecke der Firma im Prinzip überflüssig, um nicht zu sagen störend ist. Die KVB kann nicht pleite gehen, sie wird bezuschußt und subventioniert, und die Defizite werden vom Staat ausgeglichen. Und das ist gut so, die bewegen sich nämlich jedes Jahr im Bereich von zweihundert Millionen. Unter diesen Umständen ist es nur folgerichtig, daß das Management sagt: »Wir wollen so wenig Fahrgäste transportieren wie möglich«. So sind wenigstens die Verschleißerscheinungen gering.

Um dieses Ziel zu erreichen, werden vor allem die Fahrer der Busse und Bahnen handverlesen auserwählt, hauptsächlich sind das entlassene Sträflinge und Berufssoldaten, denen das Panzerfahren zu langweilig war und die nun, zusammen mit den übrigen KVB-Mitarbeitern, eine ganz neue Dimension des Begriffs »Servicebereitschaft« erschließen. Den Fahrern wird bei der Ausbildung eingeschärft, jede Möglichkeit zu nutzen, Menschen den Zugang in die Straßenbahn zu verwehren oder, wenn sie es irgendwie geschafft haben sich reinzuquetschen, die Fahrt möglichst nachhaltig zu vermiesen. Gibt es zum Beispiel einen längeren außerplanmäßigen Stop von sagen wir zwanzig Minuten, so werden Sie nur in Ausnahmefällen vom Fahrer über den Grund informiert (falls es einen gibt). Das liegt sicher daran, daß dem Fahrer oft gar nicht bewußt ist, daß sich außer ihm noch weitere Menschen in der Bahn befinden. Des weiteren wird den Fahrern eingeimpft, die Fahrgäste nicht als Menschen anzusehen, sondern als Frachtgut. Das mag zynisch klingen, ist aber zweckmäßig, um das Ziel der großangelegten Fahrgastentfernung zu erreichen. Wir selber wurden zum Beispiel Zeuge eines grandiosen Busfahrers auf der Linie 154, der mit vierzehn Minuten Verspätung ankam, und zwar weil er sich (entgegen der Vorschriften) während der Fahrt angeregt mit einem Bekannten unterhielt – und dabei kann man nicht schnell fahren, das wäre ja unverantwortlich, richtig? Dennoch kann man sich als KVB-Kunde bei allem Verständnis für diese wunderbare mediterrane Gelassenheit nicht ganz dem Gedanken verschließen: »Mann, wenn es einen Gott gibt, ist dieses fette Arschloch hoffentlich der erste, den sie bei der Privatisierung des Busverkehrs rausschmeißen.« Hinterher schämt man sich aber für seine kleinkarierten Ansichten.

Sollten Sie einmal nicht ganz rechtzeitig an einer Straßenbahn-Haltestelle angekommen sein, vielleicht weil sich Ihr Zubringer verspätet hat (das ist der häufigste Grund), so brauchen Sie gar nicht zu versuchen, den Türknopf der immer noch ruhig stehenden Bahn zu drücken oder den Fahrer auf sich aufmerksam zu machen. Der hat Sie nämlich längst gesehen, und manch einer würde vielleicht auch gerne noch mal die Verriegelung der Tür für Sie öffnen, aber er erinnert sich an sein Training in der KVB-Kaserne und läßt Sie deshalb stehen. Ganz egal, ob nun Sonntag oder mitten in der Nacht ist: Wer zu spät kommt, den bestraft die KVB. Das gilt nicht nur für Imis, sondern auch für achtzigjährige Ureinwohner, die aus dem läppischen Umstand, seit Jahrzehnten treu zahlende Fahrgäste zu sein, irgendwelche Rechte meinen ableiten zu

können. Täglich muß man mitansehen, wie verzweifelt winken-
den Rollstuhlfahrern oder Eltern mit Kinderwagen, die sich nicht
in Sekundenschnelle durch die zu engen Türöffnungen quetschen
können, die Bahn in aller Seelenruhe davonfährt. Hier ist die KVB
unbestechlich und bevorzugt niemanden, denn wie schon gesagt: Geld verdienen braucht sie nicht.

Besonders drastisch reagieren die Fahrer, sollte jemand die Unverfrorenheit besitzen, mit einem Fahrrad sonntags die Bahn zu in-
filtrieren. In solchen Fällen wird die Tür oft gar nicht erst geöffnet.
Das ist zwar nicht offizielle KVB-Politik, aber auch die Fahrer müssen sich ja irgendwie aufheitern, wenn sie schon sonntags arbeiten
müssen. Und der Anblick im Rückspiegel, wie ein wütender Radfahrer fluchend den Türknopf drückt, ist zweifellos sehr amüsant.

Den Vogel abgeschossen hat aber zweifellos jener Fahrer, der
im März 2000 die wohl größte Heldentat in der langjährigen
Geschichte der Fahrgastvertreibung der KVB vollbracht hat. Ein
36jähriger Fahrgast war während der Fahrt in der Linie 4 von zwei
angetrunkenen Männern angegriffen und geschlagen worden. Er
lief zum Fahrer und bat ihn um Hilfe. Und jetzt kommt's: Der Fahrer, dieser Teufelskerl, lehnte jede Hilfe ab, obwohl es für ihn ein
leichtes gewesen wäre, über Funk die Polizei zu verständigen und
die Angreifer auf diese Weise dingfest zu machen – von der KVB-
Zentrale gibt es extra dafür eine Standleitung zur Polizei. Statt
dessen herrschte er den Fahrgast an, er dürfe während der Fahrt
gar nicht mit ihm reden! Und beim Erreichen der nächsten Haltestelle warf er den verdutzten Mann raus und wies ihn an, selber zu
Fuß zur nächsten Polizeidienststelle zu gehen. Seien Sie ehrlich:
Wäre Ihnen so was eingefallen? Dieser Fahrer hat die KVB-Politik
verstanden wie kein zweiter. Die war auch prompt begeistert, und
der Sprecher ließ verlauten: »Wir werden diesen Fall in den Team-
gesprächen durchsprechen, die wir regelmäßig mit unseren Fahrern machen, damit jeder weiß, wie er sich in so einer Situation zu
verhalten hat.« Aber hallo. Jetzt wissen die Fahrer endlich mal, wie
es geht. Und an wem sie sich ein Beispiel nehmen sollten.

Die Angestellten der KVB nutzen geschickt jede Möglichkeit,
um den Haß der Menschen immer mehr zu schüren. Dabei legen
sie eine für Kölner Verhältnisse erstaunlich gut funktionierende Logistik an den Tag. Ein Paradebeispiel dafür war Dienstag, der

143

15. Februar 2000. Die ÖTV wandte sich gegen die Privatisierungspläne für die KVB, weil dann ein Teil der Busfahrer nicht mehr länger um dreißig Prozent überbezahlt werden würde. Die Stimmung unter den Beschäftigten sei »zunehmend explosiv«. Und so wurde für den Dienstag eine Betriebsversammlung einberufen. Die zwar erst um acht Uhr morgens anfing, aber natürlich standen Busse und Bahnen bereits ab vier Uhr morgens still, aufgrund von »spontanen Aktionen der Fahrer«. Mit Spontaneität hatte das natürlich überhaupt nichts zu tun – die Fahrer wußten genau, was sie zu tun hatten. Aber eine weit hergeholte Ausrede reicht in Köln aus, um einfach mal nicht zur Arbeit zu gehen. Hier paaren sich zwei mächtige Kräfte: Zum einen der ins Stammhirn jedes Fahrers gemeißelte Trieb, den Fahrgästen so viel Frust wie möglich zu bereiten, und zum anderen das allgemein eher entspannte Verhältnis der Kölner zur Arbeit an sich.

Na, jedenfalls führte dieser »spontane« Streik dazu, daß zigtausende von Leuten zu spät zur Arbeit beziehungsweise in die Schule kamen, weil sie sich alle erst einmal eine Stunde lang an den Haltestellen die Beine in den Bauch standen. Das Rufsystem der Taxizentrale brach zusammen, es gab lange Staus und ein perfektes Verkehrschaos in der ganzen Stadt. Die CDU nutzte die Gelegenheit, um ein paar Jungwähler zu vergraulen: Sie organisierte für die Schulkinder des Problemviertels Hahnwald einen Fahrdienst. Das werden sich die Pänz (kölsch für »Kinder«) merken. Aber die meisten Menschen nahmen es mit Humor, insbesondere nach dem Kommentar des SPD-Fraktionsvorsitzenden Rüther, einer Stimmungskanone ersten Ranges, der in aller Öffentlichkeit meinte, die Privatisierungspläne für die KVB führten dazu, daß »der Qualitätsstandard sinkt«. Stundenlang hielten sich alle Kölner die Bäuche, als sie das lasen. Bei früherer Gelegenheit hatte der lustige Onkel schon vom »hervorragenden Ruf« der KVB gesprochen. Der Mann hat wirklich Humor, Respekt!

Die sogenannte »Verspätungszulage« für Fahrer, die im Rausschlagen von Verspätungen besonders kreativ sind, halten wir zwar nur für ein Gerücht. Fest steht jedoch, daß Verspätungen seitens der KVB-Führung mit viel Eifer gefördert werden, um den Frust bei den Fahrgästen zu erhöhen. Auf diese Weise werden die Fahrpläne so gestaltet, daß sie nicht einmal unter den günstigsten

Voraussetzungen einhaltbar sind: Ampeln werden nicht einkalkuliert, genausowenig wie Stauungen an wichtigen Knotenpunkten wie Neumarkt, Ebertplatz und Barbarossakreuzung. Dadurch werden zwei Dinge erreicht: Erstens wird bei Fahrern, die nicht aus Köln kommen, der Wille zur Einhaltung der Abfahrtzeiten gebrochen, und zweitens verlernt der Kölner, Pünktlichkeit überhaupt noch zu erwarten.

Tip für Imis!

Sehen Sie sich nie, nie, nie den Fahrplan an. Dadurch erreichen Sie nur, daß Sie genau spezifizieren können, wie stark die Verspätung und wie groß Ihr Frust ist. Wenn Sie die vorgeschriebene Abfahrtzeit aber gar nicht kennen, wissen Sie auch nicht, ob sich die Bahn verspätet hat. Am besten nehmen Sie auch keine Uhr mit. Und die KVB sollte daran denken, vielleicht alle Fahrpläne abzunehmen oder am besten gar keine mehr zu erstellen und die Busse und Bahnen fahren zu lassen, wie sie gerade lustig sind. Den Fahrgästen wird kein Unterschied auffallen.

Eine ganz besondere Überraschung hält die KVB für Imis bereit, die es gewohnt sind, daß Busse und Bahnen am Samstagvormittag zu gleichen Taktzeiten fahren wie an Werktagen. Schließlich wird auch am Samstagvormittag eingekauft. Aber bei der KVB tut man durchtriebenerweise so, als habe man vom Phänomen der Samstagsöffnungszeiten noch nie gehört, dabei gibt es in Köln wohl mehr verkaufsoffene Samstage als irgendwo in Deutschland (zehn Stück). So fahren manche KVB-Linien am Samstag überhaupt nicht und alle anderen mit fünfzehnminütigem Abstand. Das mag Ihnen jetzt völlig unglaublich und aberwitzig erscheinen, aber überzeugen Sie sich ruhig selbst. Wer jetzt noch bezweifelt, daß diese Fahrgastvertreibungsmethode reine Taktik ist, dem ist nicht zu helfen. Sie müssen zugeben: So abgrundtief unterbelichtet und geradezu dämonisch bescheuert kann man gar nicht sein, um so etwas unbeabsichtigt zu machen.

Jedes Jahr Ende Mai zittern die wenigen Fahrgäste, die die KVB noch hat. Dann kommt nämlich der neue Fahrplan raus. Die bange Frage lautet: Wen trifft es diesmal? Wer ist dieses Jahr das Opfer der Fahrgastfüsilierungs-Abteilung der KVB? Wer muß künftig eine halbe Stunde früher aufstehen, um zur Arbeit zu kommen? Wer darf in Zukunft gewaltige Taxirechnungen berappen, weil die Bahn nachts nicht mehr fährt? Wer muß in eine andere Stadt ziehen, weil er sonst nie wieder irgend etwas unternehmen kann?

Die Fahrplanänderungen 1999 fielen besonders originell aus. Bei der Linie 7 gab es morgens für die Pendler einen komfortablen Fünf-Minuten-Takt, der gestrichen wurde, woraufhin bereits ab der dritten Station die Bahnen hoffnungslos überfüllt waren, viele die Bahn schon gar nicht mehr betreten konnten und automatisch zu spät zur Arbeit oder zur Schule kamen. Mit dem ölsardinesken Gedränge in den Bahnen wollte die KVB »ein Gefühl der Zusammengehörigkeit unter den Fahrgästen« vermitteln. Das ist ihr gelungen. Haß schweißt zusammen. So sehr, daß die KVB aus Angst vor Übergriffen auf die Fahrer diese lustige Folter ein Jahr später wieder gestrichen hat, wenigstens für den Berufsverkehr. Wir finden: ganz schön feige.

Viele Fahrplan-Geniestreiche kann man schon an ihrem Umfang erkennen, in dem sie im KVB-Fahrplanhandbuch abgedruckt sind. Die Linien 16 und 18 bringen es immerhin jeweils auf sechsundzwanzig Fahrplan-Seiten. Das ist nicht übel, aber die absolute Krönung der Fahrgastvertreiber-Genies der KVB ist der Fahrplan der Buslinie 152. Hier versagen sämtliche Gesetze der Logik, der Arithmetik und der Chaostheorie, hier wird nämlich der Versuch unternommen, mit einer einzigen Buslinie die Aufgaben von drei Buslinien auf einmal zu lösen! Das Ergebnis können Sie sich überhaupt nicht vorstellen. Die Fahrplantabellen nehmen im KVB-Fahrplan dreißig Seiten ein. Und das müssen Sie sich jetzt nur noch komprimiert auf einer einzigen kleinen Tabelle an der Haltestelle vorstellen. Damit ist wohl alles gesagt. Auch damit, daß kühn behauptet wird, bei dieser Linie wurde »das Fahrplanangebot verbessert«. Die KVB weiß schon, wie sie ihre Kunden los wird.

Mit der Linie 3 hat man sich einen besonderen Jux gegönnt. Wenn Sie diesen Fahrplan sehen, schmeißen Sie sich weg vor Lachen. Normale Menschen würde auf so was gar nicht kommen.

Die KVB hat sich gedacht: Na ja, diese letzten paar Stationen in Richtung Thielenbruch, die fährt ja auch die 15, und wenn da zwei Linien fahren, ist das irgendwie viel zu praktisch, besonders nachts. Wie soll man Fahrgäste verscheuchen, wenn man ihnen derartig entgegenkommt? Auf die Art lockt man wahrscheinlich sogar noch zusätzliche Kunden an! Also ersann man sich in schweißtreibenden Nachtsitzungen folgendes: In den normalen Zeiten fährt die 3 wie gewöhnlich, um die Leute in Sicherheit zu wiegen und ihnen nicht die Überraschung zu verderben. Aber dann dräuen die sogenannten »verkehrsschwachen Zeiten«, deren Definition sich auch dem aufgeschlossensten Beobachter nicht erschließt, nämlich: Montags bis freitags von 20 Uhr 30 bis 0 Uhr 15 fährt die 3 nicht durch. Samstags ist schon ab 17 Uhr Feierabend, und sonntags fährt die Bahn überhaupt nicht, sondern erst ab kurz vor Mitternacht. Falls Sie kapieren, was das soll, schreiben Sie uns. In diesen Zeiten müssen Sie jedenfalls auf dem Weg nach Dellbrück und Thielenbruch auf die 15 warten. Beim Fahrplanwechsel 2000 wurde das Problem geschickt verschärft, indem man den Warteabstand auf zwei Minuten heruntersetzte. Und wenn sich die Linie 3 verspätet – und das tut sie immer – verpaßt man die 15 und darf noch länger warten als vorher. Dem Gesichtsausdruck der meisten Fahrgäste, die dort zitternd bei regnerischer Kälte auf die Bahn oder einen bewaffneten Raubüberfall warten, können Sie eines totsicher ablesen: nie wieder KVB! Ein weiteres Beispiel der kreativen Elite der Fahrgastentferner der Kölner Verkehrsbetriebe. Auch der langfristige Erfolg ist sicher: Aufgrund der Unsicherheit darüber, wann die Bahnen fahren, wird schon von vornherein gar nicht mehr erwogen, mit der 3 zu fahren. Das Ergebnis konnte man im Juni 2000 bewundern: Die zuvor mit zwei Wagen fahrende Linie 3 verkehrte nun nur noch mit einem Wagen, um »Strom zu sparen«. Durch den bekloppten Fahrplan wurden zwar schon viele Kunden verschreckt, dennoch gab es leider immer noch ein paar Sturköpfe, die partout mit dieser Linie fahren wollten. Die waren inzwischen aber so angefressen, daß sie sich das nicht auch noch gefallen ließen, es gab eine Protestlawine, und schon nach vier Wochen fuhr die Linie 3 wieder mit zwei Wagen. Seit der Schlacht von Worringen war das der erfolgreichste Kölner Volksaufstand.

fünf

Hier lacht der Imi

Trifft ein Kölner einen Imi an einer Bahnstation. Fragt der Kölner den Imi: »Auf welche Bahn warten Sie?« Antwortet der Imi: »Auf Linie 2.« Sagt der Kölner: »Aber die ist doch längst stillgelegt!« Meint der Imi: »Ja klar, das hab ich auch schon bei allen anderen Linien gedacht. Darauf fall ich nicht noch mal rein!«

Kaum nötig zu erwähnen, daß bei dieser konsequenten Verschlechterung des Service die Fahrpreise drastisch ansteigen. Mehr Geld für weniger Leistung – wie könnte man die Mentalität der Kölner besser umschreiben? Der besondere Clou: Während die Einzeltickets der Gelegenheitskunden preislich stabil bleiben, werden die Preise für die Monatstickets der Stammkunden kräftig erhöht – im Schnitt sind sie um fünfzehn Mark teurer als im benachbarten Verkehrsverbund Rhein-Ruhr. Die KVB (und der Verkehrsverbund Rhein-Sieg) bestraft eben gerne die Menschen für den Frevel, ihre malerisch versifften Busse und Bahnen mit den harten Plastiksitzen zu betreten.

Tip für Imis!

Kluge Rechner können bei Bus und Bahn Geld sparen. Inzwischen sind die Monatstickets so teuer, daß es sich für den Einzelnen lohnen kann, sich statt dessen mit einem Stapel Einzeltickets durch den Monat transportieren zu lassen. Und jedes Jahr lohnt es sich mehr. Denken Sie daran, wenn das Monatsticket demnächst fünfhundert Euro kostet, und rechnen Sie nach. Schließlich weiß man ja auch beim Kauf eines Monatstickets gar nicht, wie viele Tage des Monats die KVB überhaupt fährt. Die Fahrer können problemlos ohne große Diskussion und ohne Ankündigung spontan in einen Streik treten. Und dann stehen Sie da mit ihrem bereits bezahlten Monatsticket und können es nicht benutzen. Also, lieber ein paar Mehrfahrtickets besorgen oder sogar die Gefahr des Schwarzfahrens eingehen. Viele Menschen schrecken davor zurück, weil sie Angst vor den Blicken der Leute haben, wenn man ohne Ticket erwischt wird. In Köln brauchen Sie das nicht zu fürchten. Hier hat absolut jeder dafür Verständnis, wenn jemand sich weigert, für den »Service« der KVB Geld zu bezahlen. Die anderen Fahrgäste werden Ihnen stehend applaudieren.

Anstatt die Preise stabil zu halten, ergeht sich die KVB lieber in technikverliebte Experimente, die von Anfang an keinen Sinn ergeben. Der Kölner Stadt-Anzeiger meinte zum sogenannten »Intelligenten Ticket« (»I-Ti«): »Selten dürfte ein so teurer Versuch derart grandios gescheitert sein.« Die lustige Idee war, ein elektronisches Ticket einzuführen, das man bei Betreten und Verlassen durch einen Sensorschlitz schiebt, wodurch der genaue Tarifbetrag automatisch vom Konto des Delinquenten abgebucht wird. Die KVB wußte natürlich, daß dies nicht funktionieren konnte: Die fünfundneunzig Prozent Stammkunden benutzen sowieso Monatskarten, und für Gelegenheitsfahrer lohnt sich der Aufwand nicht. Das war selbstverständlich von Anfang an klar, aber darum ging es ja gar nicht. Sinn der Sache war es, so zu tun, als wolle man das viel zu komplizierte Tarifsystem übersichtlicher gestalten. Aber anstatt das Tarifsystem einfach zu ändern, wurde die Situation noch einmal mit dem »Idioten-Ticket« verkompliziert. Und durch das Scheitern des Pilot-Projekts, das achtzehn Millionen Mark verschlang, bleibt nun alles beim Alten, allerdings mit dem Zusatz, man habe ja schließlich versucht, es für den Kunden einfacher zu machen. Das perfekte Verbrechen.

Tip für Imis!

Berufstip für Köln: Taxifahrer! In einer Stadt mit so einem öffentlichen Nahverkehr haben Taxifahrer keine Rezession zu fürchten.

Eine andere Methode, Tätigkeit vorzutäuschen, wurde der KVB im Frühjahr 2000 von der Stadt aufs Auge gedrückt: Als einjähriger Pilotversuch (»Nur bloß kein Aktionismus«) sollen Nachtbusse eingesetzt werden, die zu später Stunde Menschen von und zu ausgewählten Veranstaltungsorten und Ausflugszielen kutschieren. Das wird Sie jetzt total überraschen: Der größte Teil des Verkehrs um zwei Uhr nachts besteht aus Freizeitverkehr! Ach, das überrascht Sie gar nicht? Die Stadt jedenfalls brauchte für diese verblüffende Erkenntnis zwei Gutachten. Der Sinn des Versuchs tendiert insgesamt gegen Null, denn das eigentliche Problem für Nachtschwärmer sind nicht die langen Gehwege, sondern die eher kontraproduktiven Fahrpläne der Straßenbahnen. Wenn Sie Pech haben, dürfen Sie mitten in der Nacht alleine eine ganze Stunde lang in einer U-Bahn-Station zubringen. Wenn Sie umsteigen müssen, dürfte die Heimfahrt länger dauern als die eigentliche Unternehmung. Dieses Problem wird in Köln auch nicht durch die eingesetzten Nachtbusse beseitigt, anders als in anderen Städten wie zum Beispiel Bochum, wo es ein System von Extra-Buslinien (»Nacht-Express«) gibt, die halbstündig fahren und immer gut gefüllt sind.

Merksatz 1: Ein gutes Verkehrsmittel-Angebot führt zu reger Nachfrage. Merksatz 2: Eine rege Nachfrage steigert die Besucherzahlen bei Veranstaltungen. Merksatz 3: Wenn Sie in Köln leben, können Sie die Sätze 1 und 2 streichen.

Es gibt noch viele, viele Kleinigkeiten, die das Mosaik der Maßnahmen zur Fahrgastvertreibung vervollständigen. Sehr witzig zum Beispiel der weitgehende Verzicht von elektronischen Terminals an der Erdoberfläche von U-Bahn-Stationen. Auch in den Zwischenebenen gibt es keine elektronischen Anzeigetafeln, wann die nächste Bahn kommt. Was in anderen Städten längst flächendeckende Selbstverständlichkeit ist, gibt es in Köln nur an den wenigsten Stellen (und wo es Terminals gibt, zeigen sie immer eine Minute Wartezeit zusätzlich an, um Schnelligkeit vorzugaukeln). So kann man sich einen Spaß daraus machen, sich an einer U-Bahn-Station zu postieren und den Menschen zuzusehen, wie sie die – manchmal funktionierende – Rolltreppe runterhetzen, weil sie eine Bahn hören, um dann festzustellen, daß es nicht die Bahn ist, mit der sie fahren wollten. Sie selber sollten sich diesem entwürdigenden Ritual nicht unterwerfen. Bleiben Sie cool und souverän auf der Rolltreppe stehen, denn Sie werden die Bahn eh nicht mehr erwischen, weil der Fahrer auf keinen Fall die Tür für Sie öffnen wird.

Besonders lustig ist es am Ebertplatz, wo die Bahnen zumindest theoretisch von beiden Seiten, also von zwei gegenüberliegenden Bahnsteigen aus, bestiegen werden können. Da die alten Bahnen aus der Vorkriegszeit aber nur auf einer Seite betürt sind, dürfen die unkundigen Passagiere auf der falschen Seite erst einmal hinter der Bahn über die Gleise auf den anderen Bahnsteig klettern, um einsteigen zu können. Am Ebertplatz wird öffentlicher Personen-Nahverkehr zum gelebten Abenteuer.

Besondere Konsequenz legt die KVB an den Tag, wenn es darum geht, Behinderte aus ihren Bahnen zu vertreiben. So wurde mal angeregt, für Sehbehinderte Durchsagen zu machen, welche Bahn gerade kommt. Flugs wurde gerechnet und die denkbar teuerste Variante vorgeschlagen, die sich dann natürlich als unbezahlbar erwies. Und wenn Bahnstationen wie zuletzt der Neumarkt und der Hauptbahnhof modernisiert werden, sind Aufzüge für Behinderte oder Kinderwagen das letzte, woran man denkt. Diese werden erst nachträglich eingebaut, und auch nur da, wo es unbedingt sein muß. Bis vor kurzem gab es bei diesen beiden wichtigsten Stationen der Stadt keine Fahrstühle (am Hauptbahnhof müssen Sie immer noch eine Kletterpartie unternehmen, denn der einzige Aufzug ist innerhalb des Bahnhofs, man gelangt nur über ein Treppengewirr oder über einen weiten Umweg dorthin). Und es gibt immer noch zentrale U-Bahn-Stationen, die für Behinderte unzugänglich sind, wie zum Beispiel der Ebertplatz (der übrigens in seiner Gesamtheit eine Art Logistik-Apokalypse darstellt, die jeden Fahrgast an der Menschheit verzweifeln läßt). Schließlich halten Schwerbehinderte nur den Betrieb auf und verschrammen mit ihren Rollstühlen die teuren Bahnböden. Ökonomisch durchaus sinnvoll. Angeblich hat man mal geplant, Behindertenrampen aufzustellen und diese dann regelmäßig mit Schmierseife einzureiben, um den Rollstuhlfahrern ein für allemal klarzumachen, daß man sie hier nicht haben will, aber das wurde dann wieder fallengelassen wegen Grundgesetz und sogenannten »Menschenrechten«.

Dies alles sollten Sie berücksichtigen, wenn Sie meinen, in Köln ohne Auto auskommen zu können. Die KVB läßt jeden eingefleischten Autohasser äußerst schnell die Anschaffung eines Wagens in Erwägung ziehen. Das erprobte KVB-Konzept der Fahrgastvertreibung ist lediglich ein weiteres Beispiel des perfekten Managements, das die Kölner Verkehrspolitik so unverwechselbar macht. Im März 2000 passierte dann aber etwas Unvorhersehbares: Das Land NRW hatte nichts Besseres zu tun, als einen Zuschuß von rund fünfzehn Millionen Mark zu bewilligen – zur Instandsetzung und Verbesserung von Kölner Haltestellen! Können Sie sich vorstellen, wie man sich bei der KVB geärgert hat? Jahrelange Bemühungen mit einem Schlage zunichte gemacht! Typisch Düsseldorfer! Zähneknirschend ist man nun gezwungen, mehr Licht, bessere Beschilderung, logische Wegweiser, Notrufanlagen, Sitzbänke und bessere Fahrgast-Infos zu installieren. Allein am Ebertplatz sind knapp fünf Millionen Mark vorgesehen. Das ist so viel Geld, das kann man nicht einmal in Köln völlig sinnlos verbraten, ohne daß es auffällt.

Die KVB hat's also auch nicht immer leicht. Das Konzept der Fahrgastvertreibung wird zudem immer wieder von Messen und zuletzt auch Gipfeln durchkreuzt, die in Köln stattfinden und die Zahl der Fahrgäste nach oben treiben. Und weil es die Autofahrer in Köln auch nicht leicht haben, weil es einfach viel zu viele von ihnen gibt und das Autofahren zudem immer teurer wird, ist der Kampf gegen die Kunden sehr hart. Aber die KVB fürchtet sich nicht!

Vorbilder
für Imis

Köln ist voller lieber Menschen. Aber es gibt ein paar, die sind noch ein Stück lieber. Jenen Prachtmenschen ist dieses Kapitel gewidmet, auf daß sie dem lesenden Imi leuchtende Vorbilder auf seinem Weg zur Kölschwerdung sein mögen.

>*»Schnaps!«*
>*Willy Millowitsch*

Witsch. Millowitsch.

Protestanten hatten in Köln nie viel zu melden. Als überall sonst das Zeitalter der Reformation eingeläutet wurde, hat man in Kölle 'n paar von den Brüdern verbrannt, anschließend wurde der Rest allmählich ausgerottet, und damit war das Thema soweit erst mal durch. Man fragt sich, wie die Kölner wohl heute reagieren würden, wenn jemand etwas ähnlich Häretisches versucht, wie zum Beispiel öffentlich zu verlautbaren: »Willy Millowitsch konnte weder singen noch schauspielern, und der Kult um ihn ist eine alberne Massenpsychose geschmacksverwirrter Psychopathen!« Scheiterhaufen, ick hör dir trapsen.

Im Zuge der Entstehung dieses Buches verstarb Herr Millowitsch egoistischerweise, so daß wir aus Pietätsgründen das Kapitel um achtundsiebzig Seiten kürzen mußten. Aber inzwischen wird auch nur noch wenig über ihn geredet. Niemand scheint ihn zu vermissen. Bei manchen kommt langsam der Verdacht hoch, daß eigentlich niemand seine Theaterstücke oder seine Lieder leiden mochte, aber alle so getan haben, weil Millowitsch nun einmal eine kölsche Institution war. Das ist so ähnlich wie bei Lothar Matthäus. Eines kann man mit Sicherheit sagen: Willy Millowitsch war der beliebteste Halb-Düsseldorfer, der je in Köln gelebt hat. Sein Vater wurde nämlich in dem verhaßten D'dorf geboren, was Zeit Willys Lebens ein Geheimnis blieb. Und nicht nur das: Sogar ein Millowitsch-Theater befand sich in Düsseldorf. Wenn Sie über Willy reden, sollten Sie die dieses Detail lieber vermeiden, da steckt kein Segen drin. Reden Sie lieber über sein soziales Engagement. Das macht zwar jeder Promi, aber wir gehören nicht zu diesen gottlosen Unholden, die einem toten Mann noch Schlechtes nachsagen. Aber auch seine Gegner billigten Millowitsch zu, daß er die These »Nur mit Talent hat man auf Dauer Erfolg« grandios ad absurdum geführt hat. Er war und ist eine Kultfigur, wie Horst Tappert oder Verona Feldbusch. Und es gibt nichts, was man dagegen machen kann. Er hat die ganze Stadt in eine Art Beugehaft genommen. Wer Köln mag, muß auch Willy mögen. Wer hier leben will, muß ihn verehren, denn er verkörperte die kölsche Art wie sonst kein zweiter. Kaum vorstellbar, daß die Stadt auch vor seiner Geburt schon existiert hat. Aber Bethlehem gab es ja auch schon vor Jesu Geburt.

Willy Millowitsch war am Anfang seines Lebens eine *Kölsche Jung*, später ein kölsches Original, dann eine kölsche Institution, dann ein kölsches Urgestein, und zu seinem neunzigsten Geburtstag wurde er auf Plakaten plötzlich wieder als *Kölsche Jung* bezeichnet! Ab neunzig fängt in Köln das Leben wieder von vorne an. Kommt man dann statt ins Altersheim ins Kinderheim? Na ja, zumindest darf man wieder Windeln tragen. Er sang deshalb zuletzt ungefähr siebenundzwanzigmal am Tag öffentlich seinen Ewiggrün »*Ich bin enne Kölsche Jung*«, eine Art inoffizielle Stadthymne, zumindest für Männer. Zum neunzigsten Bestehen des Millowitsch-Baus gab es eine Riesen-Gala in der Kölnarena mit vierzehntausend Gästen. Und wie Napoleon den Namen von jedem seiner Soldaten kannte, so kannte Millowitsch den Namen Napoleons. Wieviele Neunzigjährige können das schon von sich behaupten? Bei der Party haben überraschenderweise die Bläck Fööss, Höhner, BAP und Brings gespielt, das war mal ein echt raffinierter Schachzug von den Veranstaltern. Es erscheint uns gar keine üble Idee, daß sich diese Bands alle zusammenschließen, da sie eh immer gemeinsam auftreten. Ein passender Name für die Band wäre »Dieselben wie immer«.

Willys liebloses Verhalten zu seinem Sohn Peter und den anderen Kindern war nie ein Mentalitätsproblem für die kinderhassenden Kölner, die ja bekanntlich lieber dreistellige Millionenbeträge für Autobahnen und Fußballstadien verbraten, als das Geld für Kindergärten oder Schulrenovierungen auszugeben. So war Millowitsch nicht nur an diesem Punkt für die Kölner ein leuchtendes Vorbild.

Zudem war der Mann noch bis ins hohe Alter äußerst aktiv. Besonders, wenn er sich ans Steuer eines Wagens setzte, fühlte er sich gleich um sechzig Jahre jünger. 1988 mißachtete er auf dem Weg zu seinem Theater die Vorfahrt und verletzte einen jungen Motorradfahrer schwer. Fünf Jahre später richtete er bei einem parkenden Auto Blechschaden an und begang Unfallflucht. Die Kölner verziehen ihm das in dem selben Tempo, in dem sie sich das selbst verzeihen: in exakt 0,17 Sekunden. Seit seiner Fahrerflucht fuhr er Taxi (die Polizei bestand darauf), aber es heißt, der alte *Kniesbüggel* habe den Fahrern niemals Trinkgeld gegeben, sondern immer nur eine Autogrammkarte, ob die wollten oder nicht. Jetzt tauschen sie so was mal bei Ihrer Bank ein. Aber Willy war eben auch nur ein Mensch. Der kam mit allem durch, da konnte er machen und sagen was er wollte. Unsterblich sein Bekenntnis: »Dabei kann ich *janit* richtig singen.« Dieses grundehrliche Statement hat ihm nur noch mehr Fans eingebracht. Vielleicht sollte Pavarotti das auch mal probieren. Auch noch zuzugeben, nicht schauspielern zu können, so weit ging Millowitsch unerklärlicherweise nicht.

Foto: Herby Sachs/Version

»Kleines Sünderlein«

Millowitsch war nicht nur Ehrenbürger von Kölle, er erhielt auch 1994 das Bundesverdienstkreuz dafür, daß er seit seinem elften Lebensjahr dieselbe Frisur trug und »vielen Menschen damit Trost und Freude« brachte (Johannes Rau). Als weitere Demutsgeste existiert ein Millowitsch-Denkmal in der Altstadt. Normalerweise wartet man ja, bis der Betreffende stürbet, um ein solches Denkmal zu errichten, aber mein Gott, wer konnte schon sagen, wann der gute Mann den Geist aufgeben würde? Sicher, jetzt weiß man's, aber hinterher ist man immer schlauer.

> *»Ich weiß nicht, warum der sich erhängt hat.*
> *Die Ermittlungen sind doch noch gar nicht abgeschlossen.«*
>
> Franz-Josef Antwerpes über einen Bonner Oberstadtdirektor,
> der den Freitod gewählt hatte.

Ein Gesicht wie ein Sozialkundelehrer.
Eine Persönlichkeit wie ein Militärdiktator.
Ein Name wie eine Virus:

Antwerpes!

Franz-Josef Antwerpes war lange Zeit der Kölner Regierungspräsident. Kaum einer scheint genau zu wissen, was das ist, aber offenbar ist das so eine Mischung aus Provinzfürst und Chefmaskottchen. Die Presse titulierte ihn beispielsweise als »ein bißchen Kurfürst, ein bißchen Hobbywinzer, ein bißchen Sheriff *vun d'r Zeughausstroß*, ein bißchen Rächer der Enterbten«. Das klingt wie Bruce Willis trifft Rudolf Scharping, und ist es wohl auch. Die Aufgabe eines Regierungspräsidenten besteht darin, den Städten und Gemeinden des Regierungsbezirks Köln möglichst viel auf den Sack zu gehen. Im Gesetzbuch steht das etwas verklausulierter, aber im wesentlichen ist das so korrekt. Und Herr Antwerpes war darin unglaublich gewissenhaft.

Antwerpes Lieblingshobby waren großangelegte nächtliche Verkehrskontrollen. Das müssen Sie sich mal vorstellen: Sie fahren nachts über die Autobahn, werden gestoppt, kurbeln das Fenster runter und Regierungspräsident Antwerpes schaut Sie streng an und fragt Sie, wieviel Sie gesoffen haben. Jedem, aber auch jedem

Autofahrer kommt da sicher ein einziger Gedanke: Hat der nichts Besseres zu tun? Antwort: Nö, hat er nicht. Das ist ja das Wunderbare an dem Job. Der kann jeden Blödsinn verbrechen, und keiner hält ihn auf. Ähnlich wie Rudi Carrell.

Überhaupt muß man sagen, daß Antwerpes kein Freund der Autofahrer war, was für einen Kölner Politiker eigentlich ein blasphemisches Sakrileg ersten Ranges darstellt. Aber der ist ja auch Imi, kommt vom Niederrhein. Antwerpes kümmerte sich viel um Radfahrer und machte Radtouren durch die Stadt, wobei er spontan auch mal die begleitende Polizei auf Verkehrssünder hetzte und falsch fahrenden Radfahrern einen Anschiß verabreichte. Daß Radwege eigentlich gar nicht in den Zuständigkeitsbereich des Regierungspräsidenten gehören, ist eine der typischen Kleinlichkeiten, von denen sich ein Antwerpes nie hat aufhalten lassen. O-Ton: »Es gibt keinen bekannteren Fahrrad-Fahrer als mich.« Vielleicht eventuell möglicherweise noch Jan Ullrich, aber allerhöchstens den.

Antwerpes ist ein Mann aus dem Volk und damit ein Freund klarer Worte. Sehr bekannt ist seine Kritik an manchen Stadt- und Gemeinderäten, die er als »Schlappis, Knaatschbrüder und Nichtstuer« zu titulieren beliebte. Die stellen sich aber auch wirklich manchmal ganz schön an, wenn sie die gesamte Polizei in Alarmbereitschaft versetzen müssen, bloß weil der RP schlecht geschlafen hat. Trotzdem war das noch relativ harmlos, einmal hat Antwerpes seine politischen Widersacher sogar im Radio als »Arschlöcher« bezeichnet, die so groß seien, »da können Sie mi'm Lkw durchfahren!« Die Herren von der CDU hatten nämlich die bodenlose Unverfrorenheit, die Tatsache zu kritisieren, daß Herr Antwerpes auf Sozialmietniveau in einer Luxusvilla wohnte. Ganz im Gegensatz zu den Herren von der CDU, die für ihre Prunkvillen viel mehr Geld bezahlen müssen, das sie im Schweiße ihres Angesichts als Immobilienmakler, Firmenanwalt, Vorstandsvorsitzender oder Zuhälter verdienen müssen. Okay, als Zuhälter wahrscheinlich nicht. Für seine orale Entgleisung entschuldigte sich der Regierungspräsident hinterher bei allen, »die sich angesprochen fühlten«. Der Mann hat Stil.

Über zwanzig Jahre war Antwerpes der Kölner RP, das sind schon fast kubanische Verhältnisse. Vielleicht war auch das ein Grund für die fidelsche Ordensverleihung. Antwerpes hat von Fidel Castro nämlich einen Orden verliehen bekommen, wegen seiner humanitären Einsätze auf Kuba. In den USA bekäme man als Politiker dafür wahrscheinlich chinesische Wasserfolter oder so was in der Art. Hier begnügte man sich damit, dem Mann einen Papierkrieg vom Ausmaß einer mittelgroßen Leihbücherei zu erklären. Denn eine Tragegenehmigung für ausländische Orden kriegt man nicht so ohne weiteres. Tja, jedes Volk hat seine eigenen Foltermethoden. Besonders kompliziert wurde es dadurch, daß Antwerpes sich mit der Annahme des Metalls eigentlich verpflichtet hatte, »nach den revolutionären Grundsätzen der Republik Kuba« zu handeln. Hoho, als ob es dazu einer Aufforderung bedurft hätte. Aber Bundespräser Herzog gefiel das nicht, deshalb hat er zum RP gesagt: »Hör mal, Jupp, entweder du trägst diesen Orden, *oder* du handelst nach den revolutionären Grundsätzen Kubas, da will ich dir nix vorschreiben, aber beides zusammen geht nicht.« Eine verdammt knifflige Entscheidung, gerade für Herrn Antwerpes (dessen Ehefrau übrigens bloß ein popeliges Bundesverdienstkreuz gekriegt hat). Der meinte dann, er habe mit der Revolution nichts am Hut. Wozu auch, er ist auch ohne so etwas an die Macht gekommen. Castro jedenfalls soll sehr enttäuscht gewesen sein, daß Antwerpes seinen Plan, den Klassenfeind auf Kommunalaufsichtsebene zu unterwandern, vereitelt hat.

Foto: Hacky Hagemeyer/transparent

»Kubas Top-Agent«

Die Dienstaufsichtsbeschwerdemaschine Antwerpes kämpfte bis zuletzt im Auftrag des Herrn. Besonders witzig war es, als er die Demontage des bereits erwähnten »Flügelautos« betrieb, eines mit großen Schwingen versehenen Ford Fiesta, den ein dicker Künstler, dessen Namen wir immer wieder vergessen, auf einem denkmalgeschützten Gebäude in der Zeughausstraße geparkt hatte, direkt im Blickfeld des Amtszimmers von Herrn Antwerpes. Und der wollte das Auto weghaben.

Also sprach er: »Holla, wessen müssen wir angesichtig werden? Hebet es hinfort, dies gar schröcklich Vehikel, auf daß es nicht länger unser regierungspräsidentales Auge beleydige! Und ihm, der da Widerspruch wagt, bei dem werden wir fürwahr zu Mitteln des Verwaltungszwanges greyfen!« Dann kam aber von der Landesregierung der Erlaß, daß das Geflügel weiterhin dort stehen dürfe. Das wurde von Antwerpes prompt als »klarer Rechtsbruch« bezeichnet, und alle waren verwirrt: Seit wann stört ihn denn so was?

(Antwerpes Nachfolger Roters ist da übrigens ganz anders gepolt: Der wollte die Goldkarre gleich unter Denkmalschutz stellen, weil sie mit dem historischen Zeughaus eine Einheit eingegangen sei. Das Amt des Stadtkonservators meinte aber spielverderberweise »Pustekuchen, ein elf Jahre alter Ford Fiesta ist doch kein Denkmal, was haben Sie denn für'n Zeug geraucht?«, das übliche Bürokratengebrumme halt. Außerdem gehört das Zeughaus der Stadt, also ist der Regierungspräsident gar nicht zuständig. Aber zumindest in der Kunst der kreativen Kompetenzüberschreitung eifert Roters seinem legendären Vorgänger gerne mal nach.)

Sehr interessant war es auch, als Antwerpes bekanntgab, er werde *nicht* länger im Amt bleiben, als er darf. Daß es überhaupt nötig war, diese Selbstverständlichkeit zu betonen, braucht den unbeteiligten Imi nicht zu wundern. Es gab wahrscheinlich tatsächlich Leute, die befürchteten, der Mann bliebe einfach in seinem Büro und regiere fröhlich weiter. Eine offizielle Verabschiedung durch die Landesregierung hat er dann aber abgelehnt, weil er im Laufe der Jahre zu viel Zoff mit ihr gehabt hatte. Nie waren sie auf seine Vorschläge eingegangen. Wobei man fair sein muß: Ein »Recht der ersten Nacht« für den Regierungspräsidenten bei Hochzeiten, das erscheint eben nicht mehr so ganz zeitgemäß. Ganz zu schweigen von den ästhetischen Aspekten.

Seinen Ruhestand verbringt Antwerpes zweiundzwanzig Stunden am Tag in Talkshows. Eine interessante Nebenbeschäftigung, der immer mehr Ex-Politiker frönen. Darüber hinaus plant Antwerpes neben einem Dutzend neuer Bücher den Film »Antwerpes nervt die ganze Welt«, eine Autobiographie. Unklar ist noch, wer die Hauptrolle spielen soll. »Mindestens Robert Redford«, meint der Ex-RP, »und wenn der nicht kann, meinetwegen Karl Dall.«

> *»Ich kauf mir ein Baguette*
> *und treff mich mit Jeanette.«*
> *Tommy Engel*

Engels Tommy

Tommy Engel ist auch ein wichtiger Bürger Kölns. Er ist klein, dick und hat einen Schnäuzer. Damit ist er in Köln ein Sexsymbol.

Tommy Engel ist seit dreißig Jahren »weltbekannt in Köln und Umgebung« (Kölner Stadt-Anzeiger) und nun schon im zarten Alter von fünfzig ein echtes kölsches Original. Früher war er der Leadsänger der Gruppe *Bläck Fööss* und sang so unerreichte Ewiggrüns wie »*En unserem Veedel*« (»In unserem Postleitzahlbereich«) und »*Frongreisch*« (»Ägypten«). Dann hat er Köln geschockt, indem er die Gruppe verließ – hauptsächlich, weil ihm die Karnevalsauftritte auf den Zeiger gingen. Die Stadt war paralysiert, so wie die ganze Welt nach dem Ausstieg John Lennons. Yoko Ono bestritt heftig jede Einflußnahme auf Engel, trotzdem gab es viele böse Töne. Weil der feine Herr der unverschämten Ansicht war, sein Leben gehöre ihm allein, wurde er verständlicherweise zunächst einmal angefeindet. Die Band redet wohl bis heute kein Wort mit ihm. Sein Nachfolgeprojekt LSE floppte[5], und nun versucht er sich als Schauspieler (»Die Anrheiner«) und Solo-Entertainer, zusammen mit seinen drei Söhnen, damit die einen vernünftigen Beruf lernen. Und obwohl weite Teile seiner Show für den Imi vermutlich nur ein bizarres Mysterium darstellen, hat er plötzlich wieder überragenden Erfolg. Die Kölner sind halt nicht nachtragend und verschafften Tommy einen Solo-Erfolg, der dem nun folgendem Musikanten wohl auf ewig erspart bleiben dürfte.

---

5 Wie nebenbei bemerkt ALLE Nachfolgeprojekte floppen, schon seit Jesus Christus.

*»Es ist nicht so unproblematisch
wie es scheint,
obwohl mir manchmal lieber wäre,
es wäre unproblematisch.«*
Wolfgang Niedecken

Wolfgang Niedecken

Nach eigenen Angaben »der beste Wolfgang Niedecken der Welt« ist ein Musiker, der seit zwanzig Jahren mit ein und derselben Rockband musiziert, die im wesentlichen nur aus ihm selbst besteht. BAP hat in seiner Zusammensetzung ständig gewechselt (auch 1999 gab es wieder eine Kabinettsumbildung, aber keinen Politikwechsel), nur Niedecken hat irgendwie nie den Absprung geschafft. Was ihn auf Bundesebene eigentlich unmöglich macht, macht ihn auf Kölnebene zum Idol. Man darf sich jetzt schon auf seinen neunzigsten Geburtstag freuen. Da gibt es sicher eine ebenso große Gala wie für Willy Millowitsch, und alle werden mit Niedecken zusammen seine zweieinhalb Hits singen.

Foto: Hacky Hagemeyer/transparent

»Wolfgang im Schlafrock«

Niedecken ist wie jener Millowitsch Träger des Bundesverdienstkreuzes, bekanntermaßen die wichtigste Auszeichnung für Rockmusiker – die hat nicht einmal Mick Jagger. Darauf ist Niedecken sehr stolz, auch wenn ein paar Neidhammel glauben, daß er damit alle seine früheren Ideale »verraten« und »verkauft« hat. Das hat er natürlich, aber immerhin an den Meistbietenden. Niedecken war übrigens einer der Mitinitiatoren der Kampagne deutscher Rockmusiker, die mehr deutschsprachige Musik im Radio forderten. Das war eigentlich ziemlich überraschend. Was hat denn Wolfgang Niedecken mit deutschsprachiger Musik zu tun? Kaum ein Mensch versteht noch den sehr speziellen Dialekt seiner Lieder, eine Mischung aus Kölsch und Alt-Kirgisisch, wie zum Beispiel bei dem Song »Dä leraff ga sick mä tünn«[6]. Wer versteht so was? Aber um den Text geht's ja auch nicht beim wilden, harten BAP-Rock, sondern um die Musik, und die ist einfallsreich, emotionsgeladen und voll mitreißendem hammerharten Hardrocksound. Yeah.

Hier lacht der Imi

Treffen sich ein Kölner und ein Imi bei einem BAP-Benefizkonzert zugunsten von BAP. Fragt der Imi den Kölner: »Was singt der Niedecken denn da, ich versteh kein Wort.«
Sagt der Kölner: »Ich auch nicht.« Wundert sich der Imi: »Wieso? Ich denke, Sie sind eingeborener Kölner, und Sie können kein Kölsch?« »Doch«, meint der Kölner, »ich schon.«

Der »Bob Dylan für Arme« (Bob Dylan) sagt selber: »Ich bin kein Virtuose an der Gitarre, und so furchtbar schön singen kann ich auch nicht. Aber ich habe von Dylan gelernt, wie man sich zu drei Akkorden formulieren kann.« Na, immerhin. Das sind schon zwei Akkorde mehr als bei Modern Talking.

Niedecken meint zudem, BAP habe niemals in irgendeine Schublade reingepaßt, auch nicht in die Kategorie »Deutschrock«. Das ist objektiv völlig richtig, denn echter Rock klingt anders als BAP, und deutsch kann man die Texte wie gesagt nun aber auch beim allerbesten Willen nicht mehr nennen. Am ehesten gehört BAP wohl in die Kategorie »Volksmusik«. Wir schließen uns gewiß nicht der Meinung des sauberen Herrn Dietmar Wischmeyer an, der BAP als »Doofenmucke« und »Beklopptenmusik in Eingeborenensprache« bezeichnet. Obwohl, ein wenig stimmt es schon: Bei BAP werden Heimatlieder im heimischen Dialekt gesungen, und der Altersdurchschnitt des BAP-Publikums nähert sich mit den Jahren immer mehr dem der Kastelruther Domspatzen an. Und Niedecken ist erfreulicherweise genauso versessen auf neue Wege wie der Musikantenstadl. Er läßt sich nicht vom Zeitgeist versklaven und hält auch nichts von Herbert Grönemeyers Weg, Drum'n'Bass in seine Werke miteinfließen zu lassen. Niedecken (59) sagt goldrichtig: »Ich muß keine trendy Stilmittel benutzen, um zu beweisen, daß ich jung

---

6 Das bedeutet überhaupt nichts, haben wir grad erfunden, aber ist ja egal. Geben Sie's zu, Sie hätten das nicht gemerkt.

bin.« Genau: Niedecken hat es nicht nötig, *überhaupt* irgendwelche Stilmittel zu benutzen. That's rock! Davon kann sich der Herr Grönemeyer, der Köln obendrein schmählich im Stich gelassen hat, eine Scheibe abschneiden.

> *»Die Kölner bilden sich immer ein,*
> *sie wären die einzigen Rheinländer.*
> *Das stimmt nicht.*
> *In Bonn wohnen auch Rheinländer*
> *und in Aachen, glaube ich, auch …«*
> Heinrich Böll

Böll

Mit einem eher enttäuschenden Individuum müssen wir dieses Kapitel beschließen. Nicht als Vorbild, sondern als abschreckendes Beispiel. Es ist aber auch wirklich ein Jammer: Da erreicht ein Kölner Schriftsteller seine natürliche Bestimmung und wird weltberühmt. Und kaum hat er den Literaturnobelpreis gewonnen, wird der feine Herr plötzlich hochmütig, und das wunderschöne Kölle ist ihm nicht mehr gut genug. Plötzlich hat er »überhaupt nicht die geringste Begabung zum Lokalpatriotismus« – und so was will Kölner sein?

Foto: Toni Richter

»Heinrich Böll als abschreckendes Beispiel«

Böll hat leider keine Gelegenheit ausgelassen, Köln und alle Kölner zu beleidigen. So beliebte er zu meinen, die Kölner hätten »was Mies-Arrogantes, fühlen sich aus irgendeinem Grunde jedem überlegen«. Nein, Herr Böll, nicht nur aus irgendeinem Grunde, sondern aus dem, daß Köln schlicht die schönste Stadt der Welt ist, und das wird ja wohl niemand bezweifeln, oder? Hier gibt's den Dom! Und den Karneval! Und einen neuen Hauptbahnhof, wo einmal Pinkeln zwei Mark kostet, das ist ja wohl eindeutig Weltstadtniveau! Und die Kölner sind so weltoffen, tolerant und liebenswert, daß sie einen wie Sie, Herr Böll, nicht einmal umgebracht haben!

Auch den Karneval hat Böll nie verstanden, meinte er doch, er werde den »tödlichen Ernst der professionellen Elferratskarnevalisten«, der sich »gelegentlich als humorloser Humor« gebärde, nicht vermissen. Keine Sorge, Herr Böll, auf solche Miesepeter wie Sie kann auch der Karneval getrost verzichten. Allein die Vorstellung, wie er mit Narrenkappe ausgesehen hätte, ist ja peinlich. Nicht mal den Dom mochte der Herr »Seht mich an, ich hab den Literaturnobelpreis, bin ich nicht toll«. Er befand, der Dom sei »viel weniger kölnisch als andere Kirchen«, was immer das bedeuten soll. Der Kölner Dom ist nicht kölnisch? Ja klar, und die »Spanische Treppe« steht in Rom!

Und solche Sprüche muß man sich reinziehen von einem Mann, dem man immerhin das Kölner Ehrenbürgerrecht erteilt hatte! Die CDU hatte schon recht damit, diesen halbseidenen Burschen nicht, wie ursprünglich geplant, als »mutigen Verteidiger der Freiheit und freien Meinungsäußerung« und als »kritischen und engagierten Beobachter gesellschaftlicher Fehlentwicklungen« zu ehren. So weit kommt's noch. Ein paar Jahre vor seinem Tod ist »Professor« Böll (den Titel haben ihm seine Sozen-Kumpane zugeschanzt) sogar aus Köln weggezogen und bekam dafür die Höchststrafe: Er starb in Langenbroich. Das war ihm hoffentlich eine Lehre.

Kamelle
für Imis

Karnevalsmuffel haben es in Köln schwer, sich dem bunten Treiben der Narren und Narrzissen zu entziehen. Aber denjenigen, die sich zum Rosenmontag in ihre Wohnungen verkriechen und endlich mal die Kakerlakenkolonie hinterm Waschbecken vernichten, sollte eines klar sein: Der Karneval sichert viele Arbeitsplätze und spült eine Menge Kohle in die Stadtkasse. Das muß dem einzelnen Bürger mit gültigem Schulabschluß ein paar Tage Kopfschmerzen schon wert sein. Wir gehen zunächst auf die Strukturen des offiziellen Karnevals ein, dann wenden wir uns den Randgruppen zu. Und zum Schluß geht es natürlich um die Krönung, den Rosenmontagszug. Am Ende werden Sie verstehen, warum der Karneval den guten Ruf vom deutschen Humor weltweit mehr geprägt haben dürfte als alles andere.

Die vierte Jahreszeit

Da es ja so etwas wie einen Sommer in Deutschland auch im weitesten Sinne nicht gibt, kann man die Karnevalszeit auch als »vierte Jahreszeit« bezeichnen. Der offiziell vorgeschriebene Begriff für die Zeit zwischen dem elften Elften und Aschermittwoch lautet jedoch »Session«. Nun, wer schreibt so etwas vor?

Der Kölner Karneval wird vom sogenannten »Festkomitee« mit eiserner Faust regiert. Dieses wurde 1823 von den Preußen gegründet, weil bis dahin alle Leute einfach feierten, wie sie wollten, und das ohne behördliche Kontrolle. Klar, daß das so nicht weiterging, wir sind hier ja nicht bei den Hottentotten. Auch wenn die Kölner es heute gerne verdrängen, waren sie doch glühende Anhänger der Preußen. Das sieht man heut noch an den zahlreichen Denkmälern von preußischen Königen oder auch an den vielen preußischen Straßennamen und Ring-Abschnitten; Bismarck wurde seinerzeit zum Ehrenbürger ernannt. Die Narrenkappe wurde übrigens von einem preußischen General erfunden. Der versierte Kölner Brauchtumsforscher Max-Leo Schwering konstatierte: »Der Kölner Karneval war von Anfang an propreußisch!« Wegen dieser Tradition kann heute nichts im Karneval ohne Genehmigung des Festkomitees passieren, ähnlich wie beim Zentralkomitee der chinesischen Kommunisten, allerdings nicht ganz so demokratisch. Denn beim Kölner Karneval ist eines nun wirklich nicht zu gebrauchen: Chaos. Im Gegenteil, hier herrscht Ordnung, und niemand schunkelt aus der Reihe! Das inoffizielle Motto des Festkomitees: »*Jede Jeck*[7] *es anders. Aber wir arbeiten daran.*«

Das »Dreigestirn« muß einen Vertrag unterschreiben, in dem festgeschrieben ist, daß »jegliche Kritik über das Festkomitee« zu unterlassen ist, und daß »Verlautbarungen, die über diejenigen des Festkomitees hinausgehen«, erst einmal genehmigt werden müssen. Dieses Dreigestirn ist ein Panoptikum von drei wohlhabenden Kölner Bürgern, die viel Geld dafür bezahlen, als »Prinz«, »Bauer« oder »Jungfrau« bezeichnet zu werden. Wobei auch die Jungfrau stets von einem Mann dargestellt wird, komplett mit Zöpfen und falschen Brüsten. Eine Prinzessin für den Prinzen gibt es nicht, weil, die müßte natürlich auch von einem Mann gespielt werden, und das wäre dann wohl doch ein bißchen zu peinlich (und zu offensichtlich). In Düsseldorf wird das »Prinzenpaar« von einem Mann und einer Frau dargestellt. So was finden Kölner total pervers. Die drei Hobby-Transvestiten bilden für die Karnevalszeit quasi ein gleichgeschlechtliches Triumvirat, das die Stadt sozusagen »aus Scheiß« regiert. In England zum Beispiel gibt's das auch, allerdings ganzjährig.

---

7 Jeck bedeutet laut »Neuer Koelnischer Sprachschatz« ursprünglich »Geistesschwacher, Irrsinniger«, oder auch jemand, der »einfältig erscheint«. Andere Definitionen beschreiben den *Jeck* als »launischen, angriffs- und streitlustigen Menschen«, oder auch als »eitle, eingebildete Person«. Insofern sind viele Kölner eigentlich ständig *jeck*.

Kleine Anekdote: In der Session 2000 gab es Probleme mit den Kostümen des Dreigestirns: Die jungfräulichen Brüste saßen schief, das bäuerliche Hermelin-Imitat fusselte, und die Schuhe waren dem »kleinen Prinz« Ralf II. vier Nummern zu groß. Da wurden schnell Schuhe aus einem Kinderladen beschafft, das ging dann. Der Prinz des Vorjahres hatte sich im selben Prinzenkostüm eine Hodenverdrehung zugezogen, aber bei Prinz Ralf II. war noch genug Platz in der Hose, was dem guten Mann dann schon beinahe richtig peinlich war. Wir finden: mit Recht.

Falls Sie sich selber wünschen sollten, Karnevalsprinz zu werden (?), so können Sie das vergessen. Imis haben da gar keine Chance. Ein Prinzenanwärter muß einen ausführlichen Kölnernachweis erbringen, das heißt er muß mindestens in der siebten Generation reinen Kölnblutes sein, ohne schädliche Durchrassungen mit Franzosen, Polen oder Düsseldorfern – zu diesem Zweck kann der alte Ariernachweis vom Vater noch gute Dienste leisten. Unter vorgehaltener Hand wird schon mal gemunkelt, daß die Auswahl des Prinzen hauptsächlich auf personenbezogenen Privatspenden ohne Quittung beruht. Aber das sind nur die armseligen Störsignale von miesmachenden Querulanten, die in allem was Schlechtes sehen und rechtschaffenen Kölner Bürgern die größte Freude des Jahres verderben wollen. In Wirklichkeit gibt es *natürlich* Quittungen.

Der Prinz schließt einen Geheimvertrag mit dem Festkomitee ab, für den er zusammen mit Bauer und Jungfrau geschätzte 150.000 Mark hinblättert. Um das Geld wieder reinzuholen, wird so oft wie möglich seine Firma erwähnt, dann hat man für die nächsten Jahre genug zu tun. Wo wir gerade beim Geld sind: Das Festkomitee wird zwar von vielen als eher lästig empfunden, aber eines muß man sagen, nämlich daß diese Herrschaften penibel darauf achten, daß der Kölner Karneval niemals dem Kommerz verfällt. Nun gut, der Gesamtumsatz im Karneval beträgt bundesweit 7,5 Milliarden Mark unter Brüdern, aber damit hat es sich dann schon. Der Rosenmontagszug allein kostet knapp fünf Millionen Mark, was im Prinzip sehr billig ist. Für so was kommen die Rolling Stones vielleicht fünf Minuten auf die Bühne und reiben sich mit Rheumasalbe ein. Werbung ist beim Karneval beinahe total verboten, bis auf wenige Ausnahmen. Das hat aber auch rechtliche Gründe: Bis vor kurzem war

Bandenwerbung an den Tribünen und ähnlichen Werbeflächen, die einzige wirklich gangbare Werbeform bei den Zügen, schlicht verboten. Nach den Kommunalwahlen wurde dieses Verbot gelockert, und prompt wurden Werbepartner vom Festkomitee gesucht. Weil, ein bißchen Geld kann man ja immer brauchen, und diese alberne Prinzipienreiterei war nun wirklich weit genug gegangen. Das Problem war nur: Eigentlich hatte das Komitee die Vermarktungsrechte für das Umfeld der Züge bereits verkauft, woraufhin sich ein Rechtsstreit in Millionenhöhe entspann. Der Schatzmeister des FK wurde rausgeschmissen. Angebliche Drohungen des Komitees an die Adresse des geprellten Unternehmers (»Wir machen dich wirtschaftlich und gesellschaftlich fertig«) wollen wir hier aber nicht kommentieren, das ist garantiert maßvoll übertrieben. Und zu der Behauptung einiger Leute, das Festkomitee sei eigentlich nichts weiter als eine Art »Mafia in bescheuerten Anzügen«, müssen wir uns wohl gar nicht erst äußern. Die Mafia bringt zum Beispiel unterm Strich viel mehr Leute um.

Den wichtigsten Job in der Karnevalszeit übernehmen natürlich die Büttenredner. Die hatten in der letzten Session einen schweren Stand, weil sich in der Zeit der Spendenskandal der Christdemokraten ereignete, man aber immer möglichst aktuell bleiben muß. Dennoch gab es die spritzigsten Gags, für die sich auch ein Harald Schmidt nicht schämen müßte, obwohl er es wahrscheinlich täte. Der Büttenredner »*Botterblömche*« meinte: »Der Kohl ist ja kein Ehrenvorsitzender mehr. Der ist jetzt nur noch stummer Diener.« Bei solchen Brüllern wackeln die Wände. Der als »Werbefachmann« firmierende Bernd Stelter setzte noch einen drauf: »Was bedeutet CDU? Ceine Delikte Unvorstellbar?« Gut, orthographisch nicht ganz schlüssig, aber zweifellos ein äußerst gelungener Schabernack, ein Chön Doller Ulk. Wir wollen ja auch niemanden überfordern. Oder auch der »Mann für alle Fälle« namens Guido Cantz: »Was haben die Leute bloß gegen den Kohl? Der hat immer schon gesagt: Millionen stehen hinter mir. Klar, was der gemeint hat: die Flocken.« Also wirklich, der Mann braucht seine eigene Late Night Show!

Allgemein kann man sagen, sorgen die Büttenredner auch nicht nur für *Amesemang*, sondern auch für eine allgemeine Gemütlichkeit, die sich in einer unendlichen Folge von altbekannten Scherzen und Witzen ausdrückt, die viele der Zuschauer schon aus frühester Kindheit kennen – ungefähr vergleichbar mit »Sieben Tage, sieben Köpfe« oder der »Wochenshow«. Häufig stupst dann ein älterer Herr seine Gemahlin an und seufzt: »Erinnerst du dich noch an den Witz, damals, kurz nach dem Krieg? Toll, daß es den noch gibt.«

Jede Session hat ein Motto. 2000 hieß es »*Kölle loss jon*«. Ein lustiger Zufall: Der Bonner Karneval hatte '99 das Motto »*Bonn loss jon*«. Das ist das Tolle am Karneval: Wenn man etwas gefunden hat, das gut ankommt, wird es immer wieder und wieder benutzt – auch hier sind die Parallelen zur TV-Comedy unübersehbar. Zum Sinnmotiv der Session wurde 2000 dafür was ganz Neues ausprobiert: Ein Clown mit einer Brille in Form des Kölner Doms! Monatelang hatten mehrere Kommissionen über den Tausenden und Abertausenden Vorschlägen gebrütet, bis schließlich dieser spektakuläre Einfall geboren wurde. Demnächst will man aber wieder etwas traditioneller werden, um das Stammpublikum nicht zu verschrecken. Heißester Favorit ist ein Clown mit einem Dom-förmigen Hut.

Der Nicht-Kölner kriegt vom Kölner Karneval in der Regel hauptsächlich den Rosenmontagszug mit (ob er will oder nicht), alle anderen Veranstaltungen und Anwandlungen sind ausschließlich von lokaler Bedeutung. Es gibt eine Unzahl an Sitzungen, wie die Karnevalsfeiern kurioserdings genannt werden, die sich unterschiedlichen Themen und Zielgruppen widmen. Es ist alles vertreten, von schwulen Schweinehirten bis zu syphiliskranken Stadtdirektoren finden alle die zu ihnen passende Tanzteegesellschaft.

Der Sessionsaustakt findet immer am 11. November statt, gegen 11 Uhr 12. Die Zahl 11 ist den Kölnern sehr wichtig, sie wird sogar als zusätzliche Jubiläumszahl herangezogen. Wenn also irgend etwas 11 oder sogar 111 Jahre alt wird, wird das gleich gefeiert, ebenso wie alle anderen Schnapszahlen. Auch dies wird gerne als Beweis dafür herangezogen, was für »faule Säcke« die Kölner seien, die »ihre ganze Existenz nur damit zubringen, sich Gründe auszudenken, um nicht arbeiten zu müssen und sich zu besaufen«. Aber diese Unverfrorenheit nur am Rande. Beim Sessionsauftakt wird das Dreigestirn der Öffentlichkeit präsentiert, es gibt eine kleine Show, die ersten jugendlichen Alkoholexzesse werden zelebriert, und eine begnadete Sängerin und Hannelore-Kohl-Imitatorin namens Marie-Liese Nutella oder so ähnlich stimmt das Sessionslied an. Das tut sie jedes Jahr, auch wenn sie versichert, daß ihr das dazugehörige Motto »schon gefallen« müsse, sonst würde es ihr keinen Spaß machen. Aber gottlob sind die Motti des Festkomitees immer so einfallsreich, daß Frau Nutella noch nie in die Verlegenheit kam, eines abzulehnen. Im Gegenteil: Sie ist in der Lage, zu jedem Motto innerhalb von 14,3 Sekunden das dazugehörige Lied zu komponieren. Das ist fast doppelt so schnell, wie Stefan Raab für seine Lieder braucht! Und die Dame hat schon circa hundertdreißig Stück gedichtet, eins klingt wie's andere, als wäre sie Dieter Bohlens Großmutter.

Im »Gürzenich«, einer Art kölschem Hofbräuhaus, findet die »Prinzen-Proklamation« statt, wo der Prinz seinen ersten öffentlichen Auftritt hat und mal seine Meinung zu dies und das sagen darf, aber nur, soweit sich seine Meinung mit der des Festkomitees deckt, die wollen den Text auf jeden Fall vorher sehen, um ihn »auf Rechtschreibung zu prüfen«. Diese Veranstaltung wird von blutigen Laien verschrien als »das Humorloseste, was die Welt seit Nürnberg gesehen hat«, und die Proklamation selbst ist eine Rede, die man sich ungefähr vorstellen müsse »wie eine Grundsatzerklärung auf einem CDU-Parteitag, bloß nicht so lustig«. Auch die politische Kaste der Stadt ist immer dabei und singt zum Beispiel in Gestalt von Ober-, Unter- und Zwischenbürgermeistern Lieder und spielt Sketche. Heinrich Böll hatte mal gesagt: »Humor verpflichtet, und ich kann mir keine schrecklichere Pflicht vorstellen als die Pflicht zum Humor. Mein Bedauern gilt den Stadtvätern aller Kategorien, die da müssen: schunkeln, hopsen, dabeisein, möglichst sogar noch witzig.« Vermutlich kann man sagen: Dieser Auftritt der Politiker ist der einzige Moment in der Kölner Politik, der überhaupt nicht witzig ist.

Eine der wichtigsten Veranstaltungen der Session ist die »Lachende Sporthalle«, benannt nach der alten Sporthalle, die allerdings abgerissen wurde, woraufhin die Kölnarena Austragungsort wurde und das Ganze in »Lachende Arena« umbenannt wurde. Lachende Arena, das gab es früher schon, als im Circus Maximus in Rom Christen von Löwen aufgefressen wurden. Da dies aber leider von der Feuerwehr verboten wurde wegen Grundgesetz, beschränkt man sich hier darauf, sechseinhalb Stunden im Kreis rumzulaufen, und zwar unter den Chefeinpeitschern des Elferrats, der aus einundzwanzig Menschen besteht. Keiner weiß warum.

Schwule, Geister, Weiber und andere Randgruppen

Als Alternative zum normalen Karneval, in dem im wesentlichen bloß gelacht, gesoffen und geschunkelt wird, bietet sich seit längerem die sogenannte »Stunksitzung« an, wo vor allem gelacht, gesoffen und geschunkelt wird. Aber irgendwie auf alternative Weise. Wer hier schunkelt, schunkelt anders. Es ist eine Art ironisches Schunkeln, eine Parodie gar. Inzwischen haben jedoch sogar gestandene Karnevalisten kaum noch Probleme mit den Alternativ-Jecken und feiern sozusagen »zweigleisig«. Die Stunk-Sitzung ist komischerweise die erfolgreichste Karnevalsveranstaltung überhaupt, mit dreiundvierzig ausverkauften Sitzungen pro Session – ein Millionengeschäft. Kein Wunder, daß das Festkomitee die Alternativ-Schunkler in einer typisch kölschen »*Drink doch ens met*«-Umarmungstaktik in den Rosenmontagszug miteinbeziehen wollte. Jedoch, die Stunker, sie wollten nicht. Mann, war der Zugleiter beleidigt.

Für den alternativen Karneval ist auch der »Geisterzug« sehr wichtig. Der heißt vermutlich so, weil er unsichtbar ist, praktisch so was wie ein Kollektiv-Phantom. Präzise: Der Geisterzug wird ständig abgesagt, weil die Finanzmittel fehlen, findet dann aber trotzdem statt; ein Toter, der trotzdem noch rumläuft – ein Geist eben. Der Geisterzug ging 2000 nächtens von Mülheim nach Kalk, was eigentlich schon tagsüber gespenstisch genug ist. Verkleidet als Gespenster, Monster und katholische Priester (bibber!) bahnten sich die Schreckenjecken ihren Weg, und es gab bedeutend weniger Randale als bei offiziellen Karnevalszügen. Vor allem daran kann man sehen, daß der Geisterzug eine im Grunde völlig andere Veranstaltung ist. Für echte Jecken wie Sie und mich ist er damit natürlich eine Zumutung. Wie kann man etwas Karneval nennen, wo keine Bonbons geschmissen und keine Lieder gesungen werden, wie wunderschön Kölle doch sei? Und wo kein Festkomitee verbindliche Regeln vorschreibt? Wer braucht so was Unprofessionelles?

Stunk-Sitzung und Geisterzug sollen von der Idee her ein Gegen-Karneval sein, aber was echter Gegen-Karneval ist, exerzieren ganz andere Menschen vor: Nämlich die Menschenmassen, die sich am Rosenmontag nicht in der Innenstadt tummeln, sondern bei Ikea, dem Rösrather Möbelzentrum und anderen großen Geschäften der Umgebung, die trotz der tollen Tage geöffnet haben. Dort herrscht dann in der Tat gewaltiger Andrang »wie an einem gut besuchten Samstag«. Und auch das Spaßbad »Aqualand« ist sehr gut besucht. Tja, Spaßverderber im Spaßbad, so weit sind wir hier gekommen, liebe Imis. Spätestens außerhalb des Rheinlandes hat anscheinend niemand mehr Humor. Darunter haben natürlich vor allem die vielen Bonner Beamten zu leiden, die in die preußische Provinz ziehen mußten. Einer klagte am letzten Rosenmontag: »Ich bin heute als Cowboy S-Bahn gefahren, die haben mich alle angeglotzt, als hätte ich nicht alle beisammen.« Ein anderer mußte bestürzt feststellen, daß seine in Berlin gebürtige Frau Karneval »total bescheuert« findet. Die Scheidung ist wohl unvermeidbar. Aber sogar hier in Köln gibt es Leute wie den Oberstaatsanwalt Jürgen Werner, der laut Kölner Stadt-Anzeiger sagte: »Mit dem Rosenmontag, das ist eine Kölner Marotte, die schon nahe bei Wuppertal keine Bedeutung mehr hat.« Gott sei Dank hatte wenigstens der Richter genug *Hätz*, um diesem Mann Einhalt zu gebieten.

Der Karneval ist »klassenlos, so wie eine ansteckende Krankheit keine Klassenunterschiede kennt« (Heinrich Böll). Auch Homosexuelle dürfen mitmachen. Die »Rosa Funken« sind so was wie eine Art warme Bruderschaft, wenn Sie dieses kleine Bonmot gestatten. Der Humor-Level der »Rosa Sitzung« ist dem offiziellen Karneval durchaus ebenbürtig, zum Beispiel wenn ein Rex-Gildo-Imitator von der »Fiesta Lesbisch-Schwulikana« singt. Da lacht man Tränen, beziehungsweise Tränen fließen aus unterschiedlichen Gründen. In letzter Zeit gab es Annäherungen des offiziellen Karnevals an die Schwulitäten, wenn auch zaghaft. Als die Rosa Jecken zum ersten Mal in der Session 2000 am Rosenmontagszug teilnehmen sollten, gab es doch Widerstände, zum Beispiel vom Präser der Kölschen Narren Gilde, der meinte, man dürfe »nicht alles durch die rosa Brille sehen«. Und der Boss der KG Alt-Köllen war richtig aufgebracht: »Das ist ein Tiefpunkt im Kölner Karneval. Die Schwulen sollen hinter dem Prinzen herlaufen. Aber der hat es ja nicht anders gewollt.« Trotzdem durften die sympathischen Analüsten mitmachen und sind inzwischen dabei, sich zu etablieren. Aloha!

Eigentlich sind die Ressentiments gegen die Rosetten-Funken verwunderlich. Es ist schon lange kein Geheimnis mehr, daß der Kölner Karneval vor allem vielen angesehenen Bürgern dazu dient, ihre homosexuellen Anwandlungen ohne Scheu und Hemmungen ausleben zu können. Nicht daß dagegen was zu sagen wäre. Durchaus nicht. Nein. Köln ist bekanntermaßen eine Schwulenhochburg, und das ist in Ordnung. Trotzdem summieren sich beim Karneval die homoerotischen Aspekte in einem Maße, daß es teilweise tatsächlich nicht mehr schön ist ...

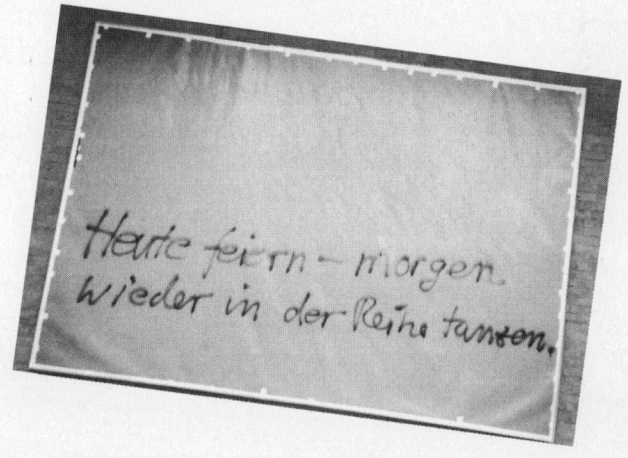

»Gehässige Agitation ortsfremder Humorfeinde«

Was denkt beispielsweise ein unschuldiges Kind, wenn alle Leute einem Mann zujubeln, der sich als »Prinz« ausgibt und Strumpfhosen trägt? Und es gibt einen Kölner, der sich selbst nicht nur zu Karnevalszeiten »King Size Dick« nennt. Das heißt frei übersetzt soviel wie »Gewaltiger Riesenpimmel«. Der Mann ist aber kein Pornodarsteller, sondern ein sympathischer dicker Volkssänger, das Wort »Dick« bezieht sich also auf seinen Körperumfang, und der Mann ist im übrigen auch *nicht im mindesten* abnormal veranlagt! Das muß man hinzufügen, darauf legt der Mann großen Wert, wessenthalben er auch den »Spiegel« mal verklagt hat, weil der geschrieben hatte, Herr Riesenpimmel trage auf öffentlichen

Veranstaltungen Damenunterwäsche. Das stimmt aber gar nicht, so etwas Abartiges würde er nie tun. Er trägt nur ganz normale Frauenkleider, damit das klar ist! Zumindest behauptet das der Express, aber auch das eine dreckige Lüge! Jawohl. Total. Aber hallo. Dieses Transvestitentum überläßt er den Perversen, die dann zum Beispiel mit falschen Brüsten rumtanzen und sich auch noch »Jungfrau« nennen. Nein, mit solchen Individuen will der Königspimmel nicht verwechselt werden. Kann man ja wohl auch verstehen.

Tip für Imis!

Sollten Sie eine Gesangskarriere als Kölner Original anstreben – zwei Dinge: Erstens sind die Anforderungen dafür verblüffend niedrig. Eigentlich muß man nur möglichst bescheuert aussehen. Zweitens sollten Sie sich unbedingt einen lustigen Namen einfallen lassen, etwa wie »Bläck Fööss«, »Höhner« oder »Wolfgang Niedecken«. Aber Sie können auch auf den Spuren von King Size Dick wandeln und sich zum Beispiel »Monster Cock XXL« (»übergroßer Heuhaufen«) oder als Frau »Horny Titmouse« (»Schwielige Meise«) nennen. So was gefällt den Kölnern, und Sie erreichen damit absolut alle Teile der Bevölkerung. Sogar Teile, die Sie eigentlich gar nicht erreichen wollten.

Am signifikantesten in punkto schleichender Homosexualisierung ist jedoch eine karnevalistische Tradition, deren Beschreibung nicht leicht fällt. Wir würden sie Ihnen gerne ersparen, sie ist jedoch unentbehrlich, um den Kölner Karneval und letztendlich das Gesamtkonzept namens Köln zu verstehen. Es geht um die Errungenschaft dessen, was die Karnevalisten »Stippeföttche« nennen. Das ist in der Tat genauso lustig wie es klingt. Vor allem die sogenannten »Blauen Funken« und »Roten Funken« praktizieren diese Übung. Diese bilden so etwas wie eine Art Armee-Ersatz für Möchtegernsoldaten, allerdings ohne tote Franzosen. Sie stellen eine Karikatur auf die alten Stadtsoldaten dar. Angesichts der erwiesenen Preußenverehrung der Kölner Karnevalisten meinen Spötter hingegen, hier sei die »Karikatur« vom Original quasi nicht unterscheidbar – genausogut könnte man sagen, Konrad Kujau habe Hitler »karikiert«.

Was nun *Stippeföttche* angeht: Im wesentlichen läuft es darauf hinaus, daß jeweils zwei der Männer sich Rücken an Rücken stellen. Dann gehen beide in die Knie und … ähem. Nun ja. Also. Folgendes. Die beiden Herren reiben dann … also quasi in der Hocke … durchaus mit Absicht … sie … sie reiben ihre Ärsche aneinander!!!!!!

Sie glauben das nicht? Sie halten das für billige Effekthascherei, um dieses kleine Büchlein aufzuwerten? Das gibt es nicht, daß erwachsene Männer so was freiwillig in der Öffentlichkeit tun? Tja, dann sehen Sie sich im nächsten Karneval das Ganze mal an. Ihr Leben wird danach nie mehr dasselbe sein. Aber jetzt mal ehrlich – wer braucht dann noch eine »Rosa Sitzung«? Wie soll das noch übertroffen werden? Man fragt sich natürlich schon, wieso sich die Mitglieder der Blauen oder Roten Funken gerade für diesen Verein entschieden haben. Man könnte ja auch in einen anderen, es gibt ja nun wirklich haufenweise, aber nein, die Herren sagen sich »Ich geh dahin, wo ich meinen Hintern am Hintern eines anderen Mannes reiben kann, das macht bestimmt Spaß.«

An Karneval sehen zwei Schwule einige »Blaue Funken« beim *Stippeföttche*. Meint der eine Schwule angewidert zum anderen: »Mein Gott, haben die kein Zuhause, wo die so was machen können?«

Hier lacht der Imi

Apropos *Föttche*. Jeder Karneval ist die Hauptsaison für *Föttchesföhlerei*, das heißt übersetzt soviel wie »Unsittliches Berühren im weiblichen Genitalbereich in Tateinheit mit sexueller Belästigung«. Das Begrapschen und Befummeln wildfremder Frauen gehört zum Karneval dazu, das macht ihn möglicherweise so populär. Zumindest bei Männern. Es gibt tatsächlich humorlose Frauen, die dann Anzeige erstatten. So was von unkölsch! Deshalb wichtig für weibliche Imis: Wenn euch schwer alkoholisierte, ältere, übergewichtige Männer in Karnevals-Galauniform an die Wäsche gehen, dann laßt sie. Sonst seid Ihr Spielverderberinnen. Und auch wenn ihr vergewaltigt werdet (Köln ist wie schon er-

wähnt die Hauptstadt der Vergewaltigungen, vielleicht genau wegen des Karnevals), regt euch nicht auf, das gehört hier zur Folklore, ist quasi nur ein verschärftes *Bützje*[8]. Also Jungs – nichts wie
rein, beim Karneval, da zählt kein Nein!

Womit wir bei der letzten Randgruppe wären. Die Frauen haben
beim Kölner Karneval in etwa denselben Stellenwert wie bei der
Hisbollah. Beim Karneval gibt es allerdings strengere Bekleidungs-
vorschriften. Alice Schwarzer ist mal auf dem Zoch mitgefahren,
aber das war eher kontraproduktiv. Effektiver da schon die Arbeit
der DKG Colombina Colonia, der ersten ordnungsgemäß eingetra-
genen, überwiegend nicht-lesbischen Damenkarnevalsgesellschaft,
gegründet anno domini 1999. In Bonn gibt es bereits seit 1824 das
»Beueler Damenkomitee«. Aber in Köln haben die Männer ihren
Ehefrauen erst jetzt eine eigene Gesellschaft erlaubt. Die Männer
brauchen sich auch keine Sorgen zu machen, die »Colombinen«
sagen selbst: »*Wir sind keine Emanzen, wir brechen fürs Matriarchat
keine Lanzen!*« und »*Mer putze un mer wäsche, mer koche jeden
Daach, sin jeder Zeit bereit, selvs medden en der Naach!*« So ein rea-
listisches Selbstverständnis der Damen kommt gut an, und so wurde die Gesellschaft zur Belohnung in den Bund Deutscher Karneval
und ins Festkomitee aufgenommen. Da können Sie sehen, daß es
den Karnevalisten wirklich ernst ist mit der Gleichberechtigung.
Außerdem ist es ja ganz praktisch, ein paar Frauen da zu haben,
wenn man sich das Kostüm bekleckert, gern noch was zu trinken
haben will oder der Einsamkeit seiner Genitalien kurz auf der Toilette ein Ende bereiten will. So hat jeder was davon.

Die »Weiberfastnacht« findet immer am Donnerstag vor Rosenmontag statt. Seit dem vierzehnten Jahrhundert haben die
Frauen an diesem Tag das Sagen – also im Grunde finsterstes Mittelalter! Die *Möhnen* (kölsch für »alte, unverheiratete Tanten«)
kommen ihrem Wunsch nach Gleichberechtigung nach, indem
sie sich lebensbedrohlich betrinken, kreischen, herumtorkeln und
sich halb besinnungslos von wildfremden Männern betatschen
und begatten lassen. Das ist Feminismus, wie speziell Männer ihn
mögen. Die wichtigste Tätigkeit für die Fastweiber liegt jedoch
darin, Männern die Krawatte abzuschneiden. Bei allem Spaß an

---

8 Kölsch für a) Kuß und b) Stoß.

der Freude stellt sich hier allerdings doch die Frage, was das Bundesverfassungsgericht von solchen Praktiken hält. Dann könnte man ja auch einen Brauch einführen, bei dem angeschickerte maskierte Hausfrauen den Männern die Windschutzscheiben einschlagen dürfen.

Der Express titelte nach der letzten Weiberfastnacht: »*Wiever wunderbar! Nä, wat wor dat schön. Diese Wiever, einfach wunderbar! Raderdoll und knatschverdötsch*«. Vielleicht kommt es Ihnen komisch vor, daß offensichtlich sturzbetrunkene Journalisten in Köln Titelseiten gestalten dürfen, aber dann sind Sie auch wieder nur einer von diesen Spaßverderbern.

Apropos angeschickert: Zum Schluß kommen wir noch zum wichtigsten Element des alternativen Karnevals, das dieser allerdings mit dem offiziellen Karneval gemeinsam hat und das beste Mittel darstellt, um die Jugend weiterhin für den *Fastelovend* zu begeistern: Saufen.

Vor allem heranwachsende Jugendliche lieben den Karneval, ist er doch eine willkommene Gelegenheit, erste Erfahrungen mit exzessivem Alkoholgenuß zu machen. Die Erwachsenen schärfen ihren Kindern schon als Babys ein: »Sobald du zwölf Jahre alt bist, mußt du auch beim Karneval saufen!« Widerspruch wird nicht akzeptiert, und das ist gut so, schließlich soll man den Kindern ein Heimatgefühl nahebringen. Auch wenn die Logik des Ganzen nicht unbedingt bestechend ist: Warum muß man sich denn betrinken, um etwas gut zu finden? Man nimmt ja auch keinen Schnaps ins Kino mit, für den Fall, daß einem der Film nicht gefällt.

Schon beim Auftakt am 11.11. muß die Polizei regelmäßig betrunkene Jugendliche von der Straße kratzen und viele Flaschen konfiszieren. »Wir kämpfen hier doch gegen Windmühlen«, seufzte zuletzt ein Polizist, der sich bei den Alkoholkontrollen »bescheuert« vorkam. Allein beim Sessionsauftakt werden Dutzende Teenager in extra aufgestellten Zelten behandelt, viele müssen jedesmal ins Krankenhaus. Zur Weiberfastnacht wieder dasselbe Bild, ebenso am Rosenmontag. Und das weitet sich sogar allmählich auch auf außer-karnevalistische Aktivitäten aus, denn die Kinder ergreifen gleich die Gelegenheit und werden Alkoholiker. Zu Silvester 2000 gab es laut Kölner Stadt-Anzeiger ein »jugendliches

Massendelirium in der Innenstadt«. Bewußtlosen Kindern mußten an Ort und Stelle Infusionen gesetzt werden, die Ausnüchterungszellen in den Polizeiwachen waren überbelegt, es wurden fünfzig Prozent mehr Rettungstransporte gefahren als im Vorjahr, ein betrunkener junger Mann schoß aus Übermut seine Pistole in die Luft ab und traf seine am Fenster stehende Tante aus Versehen in den Kopf, diese Dinge halt.

Sie sehen, das Konzept von Alkoholproduzenten und -händlern funktioniert wie geschmiert: Zu Karneval die Alkoholsucht säen, und dann den ganzen Rest des Jahres ernten. Vorbildlicher kann ein Industriezweig nicht mehr wirtschaften. Blöd wäre es natürlich, wenn man nicht nur kleine Bußgelder für die Schnapshändler, die erwischt werden, verhängen würde, sondern gleich mit Konzessionsentzug drohen könnte. Aber auf die Idee kommt zum Glück niemand, das geschieht nur in seltensten Ausnahmefällen, wenn überhaupt. Härtere Maßnahmen hätten den Nimbus, daß sie eventuell funktionieren könnten, und das will man vor allem den städtischen Brauereien nicht antun.

Tip für Imis!

Solltest Du noch minderjährig sein, kannst Du Alkohol besonders leicht an Tankstellen bekommen. Am einfachsten ist es aber in Großmärkten. So konnten wir im Real-Markt in Sülz drei junge Mädchen beobachten, wie sie ohne den geringsten Kommentar der Kassiererin zehn Flaschen Bier, zehn Kleine Feiglinge und zwei Flaschen Bacardi Rum bezahlten. Kontrollen finden in solchen Märkten nicht statt, genauso wenig wie in den meisten anderen Supermärkten. Prost!

Die Stadt Köln, das Festkomitee, die Polizei und der Express starteten Aktionen mit Namen wie »Keine Kurzen für Kurze« und »Kein Alk für Kids«. Man kann den Leuten also nicht vorwerfen, sie würden nichts unternehmen. Kann man doch nicht, oder? Nein, das kann man nicht. Leider Gottes waren die Kinder überraschenderweise gar nicht beeindruckt und brachten die Schnapshändler immer wieder in die Verlegenheit, ihnen Alkohol verkaufen zu müssen, gegen ihren Willen. So rücksichtslos können Kinder manchmal sein. Einige wenige Händler klebten sich das Plakat der Aktion »Kein Alk für Kids« ins Schaufenster, was sie schon einmal gleich vor Kontrollen und Strafen schützte. Und als Teilnehmer an der Aktion verpflichteten sie sich, keinen Alkohol an Kinder und Jugendliche zu verkaufen.

Natürlich besteht diese Verpflichtung sowieso von Gesetz wegen, aber was soll's? Hauptsache, es gibt eine Aktion, denn die Kölner sind allgemein sehr »Aktionen-gläubig«. Auch die steigende Zahl von tödlichen Verkehrsunfällen mit Kindern oder das Müllproblem versucht man, mit Plakataktionen in den Griff zu kriegen. Wir erwarten den Tag, an dem im Technischen Rathaus Plakate aufgehängt werden wie »Klüngel ist doof!«, oder in Sparkassen »Banküberfälle lohnen sich nicht«. Warum gibt es nicht bald mal eine Aktion, bei der sich alle Leute verpflichten, »niemanden umzubringen«? Weil, wenn man so etwas verspricht, dann hält man's ja wohl auch.

Es kommt dann schon mal vor, daß betrunkene Jugendliche in den Rhein fallen und ersaufen, aber verflixt, das ist doch wenigstens ein ganz romantischer Tod und hat obendrein etwas sehr Heimatverbundenes und Archaisches. So sind sicher schon vor hundert Jahren Leute umgekommen, das ist eine sehr hübsche Tradition. Warum sie ändern?

Tip für Imis!

Wenn Sie in Köln ein erfolgreiches Geschäft aufmachen wollen, eröffnen Sie einen Schnapsladen in der Nähe einer Schule.

Die Bahn kommt

Sollten Sie eine Wohnung in der Innenstadt behausen wollen, werden Sie den Rosenmontagszug womöglich intensiver kennenlernen, als Ihnen lieb ist. Falls Sie nicht zufällig ein Liebhaber von stundenlangen Schlagzeugmärschen sind, kann das eine recht belastende Kraftprobe für Ihre Ohren und Nerven sein. Sie bekommen allerdings viel zu sehen. Denn der *Zoch* ist mehr als nur »Frohsinn als durchgeknallte Wehrsportübung«, wie sich Dietmar Wischmeyer auszudrücken beliebte. Nein, er ist ein Lebensgefühl!

Wenn Sie ein braver Imi sind und nicht negativ durch Sinn für Humor auffallen, können Sie auch mal irgendwann beim *Zoch* mitmachen. Das wird als ein großes Privileg angesehen, aber das muß man dann doch relativieren: Der *Zoch* hat schließlich zehntausend Teilnehmer, die sich vor allem auf insgesamt hunderachtundzwanzig (!) Musikkapellen erstrecken. Über hundert Wagen sind im Einsatz, besonders beliebt sind natürlich die Motivwagen mit Darstellungen politischer Satire. Bei denen muß man leider recht häufig konstatieren, daß die Konstrukteure über ihre jeweiligen Themen und Motive wohl gerade mal oberflächlich Bescheid wissen. Dies wurde am Rosenmontagszug 2000 besonders deutlich. Da gab es einen Wagen, auf dem Bundesgesundheitsministerin Fischer einen als »Kasse« verkleideten Kassenpatienten behandelte, versehen mit dem Spruch »Wer A sagt, muß auch Bezahlen«. Angesichts dessen, daß die Ministerin die Kassenbeiträge nicht anheben, sondern stabilisieren wollte, nur bedingt nachvollziehbar. Ebenso wie ihr Namenscousin Joschka Fischer, der auf einem Wagen ein Fischskelett an der Angel hatte, das vom Kopf Gerhard Schröders geziert wurde. Was die Veranstalter damit sagen wollten, blieb nebulös. Ein anderer Wagen zeigte Gregor Gysi als »Böser Wolf« und Oskar Lafontaine als »Rotkäppchen«, der Gysi die gestohlenen Wählerstimmen abnehmen will. Daß Lafontaine schon seit einem Jahr bei der SPD nichts mehr zu melden hatte, war wohl zu den Schöpfern dieses Wagens noch nicht durchgedrungen. Vollends die Waffen strecken mußten wir dann bei dem Wagen, der Jürgen Trittin in Form eines »Armleuchters« zeigte, zusammen mit dem Spruch »Atomstrom nein danke, wir haben genug Armleuchter«. Dieser Wagen offenbarte ein Ausmaß an Ambivalenz sonder Normen. Bis heute grübelt der Minister darüber nach, was man ihm damit eigentlich sagen wollte.

Erklären kann man die Undifferenziertheit der Wagen vielleicht mit einem weiteren Beispiel: Zum Thema »Politik der Koalition« wurde ein Mann gezeigt, dem ein Mühlrad aus dem Kopf ragte, begleitet von dem Goethe-Zitat »Mir wird von allem dem so dumm, als ging mir ein Mühlrad im Kopf herum«. Damit wird deutlich gemacht: Man will die Politik gar nicht mal kritisieren, man will sie bloß *verstehen*. Und da man offenbar von den politischen Sachzusammenhängen intellektuell überfordert ist, sehen die Wagen eben so aus, wie sie aussehen. Bitte keine Mißverständnisse: Wir finden das alles natürlich total witzig! Weggeschmissen haben wir uns vor Lachen! Schließlich ist diese Art von Trash-Comedy, die überhaupt keinen Sinn ergibt, momentan sehr beliebt. Köln hat die Zeichen der Zeit als erstes erkannt, jede Art von pointierter Satire konsequent aus dem *Zoch* verbannt und setzt auf kultige Dumpfbackenblödeleien für hirntote Analphabeten vom Planeten Idiotopolis. Die Düsseldorfer haben diesen Trend natürlich total verpennt.

Überhaupt ist der Kölner Rosenmontagszug der witzigste und originellste von allen. In der Session '99 hatte man zum Beispiel die umwerfende Idee, Oskar Lafontaine als »Lügenbaron« auf eine Kanonenkugel zu setzen, *BRRUUUHAHAHAHA!* Eine unglaublich spritzige Satire auf die Steuergesetzgebung des schlitzohrigen Ex-Finanzministers. So originell war man in Mainz nicht. Was die da gemacht haben, war einfach nur blöd: Die zeigten einen Lafontaine, der von seiner als Domina verkleideten Frau ausgepeitscht wird. Primitiver Idiotenhumor. Und in Düsseldorf war es noch schlimmer, die haben einen großen Lafontainekopf mit langer spitzer Nase gezeigt, auf der die blutenden Herren Scharping und Stollmann aufgespießt waren. Das ist einfach nur roh, brutal und rücksichtslos. Es gibt schließlich Leute, die wirklich von großen spitzen Nasen zu Tode gestochen werden, und die finden das gar nicht lustig. Nein, solche primitiven Brutalitäten sind nicht Sache des Kölner Karnevals. Unwitzige Vorschläge werden hier zum Glück abgelehnt, zum Beispiel ein Porträt des masturbierenden Kardinal Meisner und dem Motto »Zölibat ist manchmal hart«, oder ein Berg toter Kosovo-Albaner und der Zeile »Na und, da könnten wir den *Zoch* ja jedes Jahr ausfallen lassen!« Was soll daran auch komisch sein?

In der Session 2000 hatten sich die Düsseldorfer etwas am Riemen gerissen, aber dennoch gab es Ausrutscher. Mal abgesehen davon, daß man schon wieder viel zu junge, unerfahrene Leute eingesetzt hatte (der Prinz war gerade mal sechsundzwanzig Jahre alt, sind wir hier im Kindergarten oder was?), was den Kölnern im Leben nicht einfallen würde, gab es immer noch die üblichen Entgleisungen. Da wurde der wackere hessische Mini-Präsident Roland Koch in Form eines Schweins auf einem Tablett dargestellt mit dem menschenverachtenden Satz »Wann hat es sich endlich ausgekocht?«. Solche linksradikalen Agitationen kennt man im offiziellen Kölner Karneval gar nicht, hier machen das höchstens die Leute von der Stunk-Sitzung. Grausame Gewaltverherrlichung ist das Steckenpferd der Düsseldorfer – und so was finden die auch noch witzig! Aber so waren die schon immer. Schon 1848 haben diese Erzhalunken den Wagen von Friedrich Wilhelm IV. mit Kot beworfen, während die Kölner den Preußenkönig begeistert feierten. Die Kölner waren eben nicht so nachtragende Proleten, die können auch mal alle Fünfe grade sein lassen, auch wenn der König sich in punkto Demokratie und Pressefreiheit ziemlich stur gestellt hatte.

Und noch heute neigen die Düsseldorfer zu geschmacklichen Entgleisungen, die jedem anständigen Kölner die Schamesröte in die Hose schießen läßt! Die zeigen sogar äußerst knapp bekleidete Cheerleaderinnen, wie sie ihre obszön zur Schau gestellten sekundären Geschlechtsmerkmale vor aller Augen rhythmisch umherschwenken! So was wäre in Köln zum Glück unvorstellbar, unsere Funkenmariechen sind zünftig bekleidet. Aber das ist noch nicht alles, jetzt müssen Sie sich festhalten: Beim Düsseldorfer Karneval trieb ein junger »Kultsänger« sein Unwesen, der unter johlendem Beifall (auch von Frauen) ein »Lied« darbot mit dem Titel »Zeig doch mal die Möpse!«

Wir waren genauso fassungslos wie Sie. Billiger Sex nebst Beglotzen und Begrapschen weiblicher Milchdrüsen – ist es das, woran wir bei Karneval denken? Wohl kaum. Quo vadis Dusseldorfum? Jetzt haben Sie wohl eine ungefähre Vorstellung, was in Düsseldorf am Karneval so passiert. In Köln jedenfalls hat das Festkomitee ein für allemal Oben-Ohne-Tänzerinnen bei Sitzungen untersagt. Also, wenn Sie ein anständiger Mensch sind, feiern Sie Karneval gefälligst in Kölle. Sollten Sie aber nur auf Sex und enthemmte Freudenfeiern aus sein, dann verschwinden Sie gütigst nach Düsseldorf, und da können Sie dann auch gerne bleiben. *Solche* Imis braucht Köln bestimmt nicht!

Das einzig Störende beim Kölner *Zoch* sind junge Eltern, die auf die glänzende Idee verfallen, mit dem Kinderwagen durch die engen Zuschauerwege zu kutschieren. Das kann schon mal Nerven kosten. Zumal das Baby meistens ganz ruhig schläft und von dem ganzen Fest überhaupt nichts mitkriegt. Wie überhaupt die *Pänz* vom Karneval weniger begeistert zu sein scheinen als die Erwachsenen, obwohl sie doch Süßigkeiten kriegen. Nein, die Kinder machen einen eher gelangweilten Eindruck, vielleicht ist der Karneval zu anspruchsvoll für sie. Beziehungsweise zu anspruchslos. Bei einer TV-Übertragung des *Zochs* wurde kürzlich ein kleiner Junge gefragt, ob dies ein guter Tag für ihn sei, und der Junge antwortete schulterzuckend: »Weiß nicht.« Blödes *Mistpanz*.

Es hatte offenbar von seinen Eltern nicht die wichtigste Regel überhaupt erklärt bekommen: Wenn Sie eine Kamera sehen, müssen Sie fröhlich lächeln und ausgelassen tanzen. Sobald die Kamera weg ist, können Sie wieder ihren ganz normalen deutschen Weltschmerzblick aufsetzen, so machen das auch alle anderen Jecken. Auf diese Weise wird in Fernsehen und Printmedien der Eindruck erweckt, die Teilnehmer hätten ihren Spaß, und allen ist geholfen.

Aber die beeindruckendsten Schauspiele des Rosenmontagszugs finden sowieso am Rande statt und werden im Fernsehen für gewöhnlich nicht in aller Deutlichkeit gezeigt. Das nicht enden wollende Spalier an Wände urinierender Männer zum Beispiel[9] und die hellbraunen Hügel zerquetschter Pferdeexkremente auf den Straßen sorgten für eine Atmosphäre, für ein ganz besonderes *Jeföhl*, das immer wieder besungen wird, obwohl es so schlecht zu beschreiben ist. Falls Sie mal in einem libanesischen Gefängnis waren, können Sie es sich in etwa vorstellen. Alles in allem sehr stimmungsvoll, auf eine gewisse archaische Art. Zwischendurch wird man zwar von harten Bonbons und Schokoladengeschossen gesteinigt, aber zur Wiedergutmachung gibt es Blumen, also nicht so schlimm.

---

9 Wie Frauen das Problem handhaben, konnte nicht geklärt werden. Es wurden zwar an einigen Stellen Toiletten und Urinale aufgestellt, aber die schienen die meisten Männer nur als unverbindliches Angebot zu begreifen, unter dem Motto: »Aufs Klo gehen kann ich auch zuhause«.

sieben

»Die Feuerwehr im Einsatz«

Tip für Imis!

Die beliebteste Freipinkel-Station sind die Autotunnel am Breslauer Platz. Die werden sogar außerhalb der Karnevalszeit gerne benutzt, um die zwei Mark für die Bahnhofstoilette zu sparen. Sie können dort ungeniert ihrer Natur freien Lauf lassen. Die Polizei wird Sie zwar beobachten, aber nicht einschreiten. Allerdings empfehlen wir als Karnevalskostüm eine Gasmaske.

Kleine geschichtliche Randnotiz: Auch im Dritten Reich war den fröhlichen Kölnern das Feiern durchaus nicht vergangen. SS und SA marschierten musizierend im Rosenmontagszug mit; antisemitische Witze, Hitlergruß und Horst-Wessel Lied waren beliebte

Farbtupfer bei vielen Sitzungen; Wagenmotive im Stil von zum Beispiel abtransportbereiten Juden und Zeilen wie »Die letzten Juden ziehen ab« würde heute wahrscheinlich eher zwiespältige *Jeföhle* auslösen. Diese Art des Umgangs mit den jüdischen Mitbürgern mag Ihnen heute vielleicht ganz und gar unverzeihlich erscheinen, dennoch sollten Sie das Thema zu Karneval lieber vermeiden, damit ruinieren Sie nur die Stimmung. Besonders bei der Willi-Ostermann-Gesellschaft, das war ein bis heute beliebter Volkssänger, der 1935 in die NSDAP eingetreten war. Außerdem wird man Ihnen im Brustton der Überzeugung Bescheid stoßen, daß die Kölner immer total gegen Nazis waren, irgendwie. Anders sieht das zum Beispiel der Geschichtsforscher Schwering, der es als »typisch kölsche Manier« bezeichnet, sich niemals eine klare Haltung zu eigen zu machen: »Man läßt gern Dinge offen. Die Haltung zu Hitler & Co. war ja auch nicht so ablehnend, wie man das nach dem Krieg etwa für den Karneval behauptet hat.« Chronistenpflicht, auch so jemanden zu Worte kommen zu lassen. Hitler hatte jedenfalls in Köln immer viel weniger Stimmen bei Wahlen als im Landesdurchschnitt. Das gilt zwar auch für Berlin, aber das tut jetzt nichts zur Sache. Hitler kam trotzdem sehr gerne ins gastfreundliche Köln und wurde jedesmal begeistert empfangen, einmal skandierten tausende Kölner schunkelnd (sic!) »Wir wollen nicht nach Hause gehen, wir wollen unseren Führer sehen!«, und Hitler meinte später, in Köln »die größten Ovationen« seines Lebens bekommen zu haben. Als die Amerikaner dann Köln besetzten, wunderten diese sich sehr über die Kölner und ihr zur Schau getragenes Gefühl der »Befreiung«, verbunden mit der Weigerung, die in den hundertzwanzig in Köln befindlichen Fremd- und Arbeitslagern begangenen Greueltaten der Nazis zur Kenntnis zu nehmen. Eine amerikanische Journalisten wunderte sich über die Herzlichkeit der »schleimigen« Kölner: »Welche Art von Idiotie und Dummheit macht sie blind gegenüber meinen Gefühlen? Von welchen Fluchtzonen in den unbelüfteten Alleen ihrer Gehirnwindungen aus versteigen sie sich zu der Idee, daß sie nicht in einer eroberten Stadt leben, sondern befreit wurden?« Leider gibt es außer ihr noch einige weitere Besserwisser, die in diesem Zusammenhang gerne von einer »kollektiven Lebenslüge« der Kölner sprechen. Unverschämtheit!

Obwohl, na gut, mag schon was dran sein. Aber reden wir von der Gegenwart, die ist erfreulicher. Am Ende des Rosenmontagszugs bleiben etwa dreihundertfünfzig Tonnen Abfall liegen, und es wird jährlich mehr. Das soll die Love Parade erst einmal nachmachen! Die Müllabfuhr (scherzesk »Orangene Funken« genannt) kommt immer gleich hinterher, bildet sozusagen die letzte Wagengruppe des *Zochs*.

Tip für Imis!

Gesetzt den kaum vorstellbaren Fall, Sie humorloser Kulturbanause finden das alles furchtbar langweilig, spießig und grottenblöde, können Sie ja beim Rosenmontagszug folgendes tun: Brechen Sie in Wohnungen ein. Die Leute sind ja alle draußen und frieren sich meistens dabei die Ärsche ab. Am besten sind Wohnungen in den Randbezirken wie Ehrenfeld, weil in der Innenstadt sind die Wohnungen voll, die Leute gucken sich den Zoch vom Fenster aus an. Und tragen Sie etwas Unauffälliges, zum Beispiel ein Kostüm als Teufel oder Teletubby, das hat da fast jeder Zweite an, da fallen Sie nicht auf. Vor der Polizei brauchen Sie keine Angst zu haben, die kommen eh nicht durch.

Irgendwann ist der Rosenmontag vorbei, und es folgt – genau, der Rosendienstag. Danke fürs Mitspielen. An diesem Tag jedenfalls wird der unerfahrene Imi ein paar Überraschungen erleben. Er wird an sehr vielen Geschäften und öffentlichen Einrichtungen vor verschlossenen Türen stehen. Stellen Sie sich vor, Sie haben eine Firma, und ein Angestellter ruft an und sagt, er könne heute nicht kommen, weil er letzte Nacht zuviel gesoffen habe, und außerdem würde sein Wagen nicht anspringen, und überhaupt habe er keine Lust. Wofür man normalerweise gefeuert wird, ist in Köln nach dem Rosenmontag Routine. Nur, weil noch ein paar kleine Züge hier und da stattfinden und viele Kopfschmerzen haben, werden viele Geschäfte und Behörden entweder gar nicht geöffnet oder nur für ein paar Stunden, so zum Beispiel die Stadtbibliothek oder die Post. Manch einer würde jetzt behaupten, die Kölner seien wohl alles »faule Säcke, die jeden Vorwand ausnützen, um nicht zur Arbeit zu gehen«, wie man es leider immer wieder von oberflächlichen Dummköpfen von außerhalb zu hören kriegt. Das ist natürlich nicht wahr. Zumindest ist es total übertrieben. Also schön, ein bißchen stimmt's schon. Genau genommen trifft es den Nagel auf den Kopf. Um mal ganz ehrlich zu sein: Wahrere Worte wurden nie gesprochen. Also abschließend zur Erinnerung: Es ist und bleibt Hauptaufgabe der Imis, den Kölnern diese Flausen auszutreiben und die Stadt vor dem Untergang zu bewahren. Gehen Sie es langsam an, und rechnen Sie mit Rückschlägen.

Am Ende der Session werden in der Nacht zum Aschermittwoch dann noch menschliche Puppen, sogenannte »Nubbel«, öffentlich verbrannt. Vielleicht eine sentimentale Reminiszenz an die Hexenverbrennungen, die auch in Köln stattgefunden haben. Offiziell sollen die Nubbel wohl eine Art Sündenbock darstellen, die stellvertretend für die Kölner Missetäter verbrannt werden. Ein hübscher Brauch, den man wohl aus dem Iran importiert hat. In der Session 2000 gab es um die Nubbel einen handfesten Skandal: Der rot angehauchte Wirt der Studentenkneipe »Museum« hielt es anscheinend für witzig, einige Nubbel mit dem Konterfei des großen Propheten Helmut Kohl auszustatten, dem einige Hundertmarkscheine aus den Taschen quollen. Der Wirt wurde daraufhin von CDU-Halbglatzenträger Richard Blömer als »Ayatollah von Köln« bezeichnet. Menschlich getroffen war auch HaHo Engels vom Festkomitee: »Das grenzt an Volksverhetzung.« Also, damit meinte er nicht den Kommentar von Herrn Blömer, sondern die Nubbel. Man einigte sich dann auf einen Kompromiß: Die Kohl-Nubbel kamen weg, und der Wirt wurde *nicht* öffentlich erschossen. So regelt man das in Kölle: Es gibt immer einen Kompromiß.

Abschließend muß man *unjlöcksilligerwies* sagen, daß entgegen der beschriebenen hohen Qualität des Kölner Karnevals die Düsseldorfer inzwischen den beliebtesten Karneval der Republik machen. Dabei wurde allerdings auch mit unlauteren Methoden gekämpft, wie viele finden. Zusätzlich zu den bereits erwähnten geschmacklosen Eskapaden wurden beim Rosenmontagszug in

Düsseldorf zuletzt sogar Geldgutscheine verteilt, die man bei der Bank einlösen konnte! Wie tief kann man eigentlich sinken, daß man die Besucher bestechen muß, damit sie kommen! Leider Gottes muß man sagen, daß das auch noch funktioniert hat. Während nach Köln immerhin 1,6 Millionen Besucher strömten, waren es in Düsseldorf zuletzt zwei Millionen, obwohl Düsseldorf deutlich weniger Einwohner hat. Tja, offenbar trifft die Landeshauptstadt ein bißchen mehr den billigen Massengeschmack. Aber auch in allen anderen Bereichen hat Köln den Status als Karnevalshauptstadt an Düsseldorf abgegeben: Die Karnevalsmesse findet in Düsseldorf statt (aber die Kölner versuchen, sie sich zu kapern). Die Übertragung des Düsseldorfer Rosenmontagzugs im Ersten hatte deutlich mehr Zuschauer als der Kölner Zug, der bis vor kurzem immer klarer Spitzenreiter gewesen war. Dasselbe Bild bietet sich bei den TV-Übertragungen der Sitzungen. Während sich die Düsseldorfer und sogar die Bayern (!) stark behaupten konnten, litten die Kölner Sitzungen unter teilweise dramatischem Zuschauerschwund. Tjaja, vielleicht hätten die Kölner ein paar nackte Nutten über die Bühne laufen lassen, das hätte vermutlich gewirkt! Ein peinliches Armutszeugnis für den deutschen Humor.

Aber na schön, auch humorlose Menschen haben das Recht zu leben. Und als Karnevalsmuffel, der Sie als Imi wahrscheinlich sind, stehen Sie überraschenderweise in Köln gar nicht mal allein da. Die Studie eines großen Einzelhandelsunternehmens hat ergeben, daß fünfundsiebzig Prozent aller in Köln lebenden Menschen mit Karneval »nicht das Geringste am Hut« haben. Dies ist kaum zu fassen, nachdem wir Ihnen in diesem Kapitel ja ausführlich geschildert haben, was für ein umwerfendes Fest der Sinne der Kölner Karneval ist. Aber das kommt eben davon, wenn man zu viele Leute von außerhalb reinläßt. Wenn nicht so viele Imis nach Köln kämen, wäre womöglich auch nicht Düsseldorf die deutsche Karnevalshauptstadt, sondern Kölle. Zum Abschluß dieses Buchs deshalb ein Appell: Kommen Sie bitte nur nach Köln, wenn Sie absoluter Karnevalsjeck sind! Danke.

P.S.: Das Motto der Session 2001 lautet »Köln kann sich mit allen Messe(n)«. Spötter meinen: »Hoffentlich versuchen die Kölner das nie, sonst kriegen die 'n Schock fürs Leben.«

Nachwort

Hören Sie nicht auf all die schlechten Menschen, die über Köln herziehen, wie der Philosoph Anton Merkenich (»Köln ist nicht Provinz, aber provinziell«) oder Haderlump Dietmar Wischmeyer mit seinem Gesudel: »Man kann fast überall leben: In Düsseldorf, Cottbus, Braunschweig, sogar in München, aber in Köln, das geht gar nicht. Mann, ist es da scheiße.« Sie, lieber Imi, wissen jetzt, daß das gar nicht wahr ist. Ebensowenig wie die Verunglimpfungen eines gewissen Harald Schmidt: »Aus Köln zu berichten ist uninteressant, weil es einfach provinziell ist.« Das ist natürlich falsch. Selbstverständlich kann man *trotzdem* aus Köln berichten.

So wie dieses Buch, das hoffentlich seinen Beitrag dazu geleistet hat, daß Köln endlich so gesehen wird, wie es wirklich ist: eine weltoffene, tolerante Metropole, die ausschließlich von liebenswerten, humorvollen, intelligenten, hellsichtigen, grundehrlichen und niemals überheblichen Menschen bewohnt wird!

Wir Imis müssen sicherstellen, daß dieses Bild von Köln aufrecht erhalten wird. Das wird leider immer schwieriger. Als Imi üben Sie ein wichtiges Ehrenamt aus, für das Sie nicht bezahlt werden (es sei denn, Sie können darüber Bücher schreiben). Trotzdem sollten Sie Ihre Aufgabe ernst nehmen, sonst wird Köln dieses Jahrhundert wohl nicht überleben – und das wäre doch schade. Oder?

Literatur-
nachweis

»Biotop für Bekloppte« (Jürgen Becker/Martin Stankowski,
Köln 1995)

»Da wissen Sie mehr als ich!« (Jürgen Becker, Köln 1998)

»Eine Reise durch das Land der Bekloppten und
Bescheuerten« (Dietmar Wischmeyer, Berlin 1997)

»Heinrich Böll und Köln« (Heinrich und Viktor Böll, Köln 1990)

»Kölner Mythen oder wie Legenden entstehen«
(Carl Dietmar, Köln 1999)

»Kölscher Klüngel. Gestern, heute, morgen und überall«
(Norbert Feldhoff, Köln/Wien 1996)

»Neuer Koelnischer Sprachschatz« (Prof. Dr. Adam Wrede,
Köln 1956)

»Öde Orte« (Jürgen Roth/Rayk Wieland (Hg.), Leipzig 1998)

»Sonst landest du in der Glosse« (Jürgen Becker/
Wolfgang Schmitz, Köln 2000)

»Zweite Reise durch das Land der Bekloppten und
Bescheuerten« (Dietmar Wischmeyer, Berlin 1999)